文庫ぎん

モテたいわ

ガツガツしな

はじめに　モテを目指す時代は終わった

「モテたい……とまでは思えないんだよな」

という声を20代の男性からよく聞くようになりました。ですが、この話をアラフォー男性にしても、まず信じていただけません。「そんなこと言っちゃって、本当はモテたいんでしょ？　ただカネとやる気がないから諦めちゃってるだけでしょ？」と。

けれど、本当に「モテ」を目指す時代は終わったようです。漫画やアニメなどのコンテンツで「モテる」設定は大量に登場します。バリエーション豊かな女性たちが都合よく登場し、主人公を好きになる作品は今も健在です。しかしそれを「絶対に実現したい」、あるいは「実現するために努力してもいい」と思える男性はそこまで多くなさそうです。

「モテることはいいことだ。けれども、そこまで頑張るほどじゃない」

これが20代男性のリアルとしてしっくりくる言葉ではないでしょうか。

申し遅れましたが、私はトイアンナと申します。主に恋愛系の記事を執筆するライターとして、これまでに800名以上の方から人生相談を承ってまいりました。その過程で20

代～アラサーの男性とアラフォー以上の男性では、恋愛観に大きな隔たりがあることに気が付きました。

婚活支援サービスを提供するパートナーエージェントによると、「自分は草食系男子である」[※1]と考える男性の割合は7割を超えている」との報告が挙がっています。今、日本の恋愛において「モテる男になるべし」というプレッシャーは弱まりつつあり、恋愛市場でガツガツ勝ちたい男性は少数派なのです。

一方で、それを「若者の恋愛離れ」と断ずるのは尚早に思われます。「草食系男子」[※2]という言葉の生みの親である牛窪恵さんによれば、若者は「結婚したい」とは考えているようなのです。

私がヒアリングしてきた数々の男性も、ほとんどは「彼女がほしい」と言います。しかし、不特定多数の女性からモテたいのではなく、

「自分を愛してくれる、かけがえのない相手を長く大事にしたい」

「自分をめぐって女性同士が争うような激しい恋愛をするよりも、家でのんびりデートできる相手がひとりほしい」

というような、堅実な恋愛への憧れが見受けられました。

ヒアリング調査を進めてわかったことですが、20代男性が「理想とするオトコ」の像も大きく変化していました。「憧れる」……言い換えれば「嫉妬する」男性像を調べた結果、**「学生時代にそつなく彼女ができて、そのまま結婚する男性」**に対してシングル男性は「うらやましい」と感じていることが見えてきました。

ある20代男性はこう語ります。

「自分と同じ環境で育ってきて、別にイケメンでもない友達に彼女ができて、普通に結婚もして。じゃあ俺は何が悪いんだ？　もちろん結婚してくれたのは嬉しいし、いい奴だとは思ってる。でもあいつと俺で、何が違うんだろう」

本書は、その答えを提示するものです。

ひとくくりに「女性」と言っても、好みは人それぞれです。男性に「スレンダー好き」と「グラマラス好き」がいるように、外見ひとつ取っても「こうすれば誰からもモテる」という方程式はありません。しかし**「女性が無意識に男性を足切りする際、基準にしているポイント」には共通項が存在します。**

男性はいくら面食いだろうが好みが偏っていようが、女性から告白されれば「いいかも」と心動く生き物。それに対して女性は、出会った男性の大方を、第一印象で「アリ／ナシ」の判定をします。

そつなく彼女ができ、結婚していく男性はその判定をクリアしています。逆に言えば、彼女がいない男性は「ナシ」の基準を知らされていないがために、これまで見えない線で足切りされてきたのです。

この本では、女性が「ナシ」と判断する際の基準を明らかにし、その基準を簡単に超えるノウハウをお伝えします。

「そんなことまでして彼女を作らなきゃいけないくらいなら、独り身のままでいい」という考え方も一理あるでしょう。けれど「ナシ」基準を超えるのはとても簡単なことなので、私から見ると**「ささいな理由で、あなたの素敵な性格を見てもらえなくなるのはもったいない」**と思います。

彼女を作るためにあなたの性格を変える必要？　ありません。ブランド物の服を着ないとダメ？　そんなわけありません。年収が低い？　イケメンじゃない？　ノープロブレム。そんな理由では彼女のあるなしは変わりません。あなたはもっと細かすぎてわかりづらい基準で、偶然ふるい落とされてしまっただけです。それなのに、あなたはここで終わってしまってよい男性なのでしょうか。少なくとも私はそう思いません。

さあ、今こそさらりと彼女を見つける旅に出かけましょう。

※1　パートナーエージェント『「草食男子」と「肉食女子」に関する意識調査』
http://www.p-a.jp/research/report_04.html

※2　牛窪恵『恋愛しない若者たち　コンビニ化する性とコスパ化する結婚』（ディスカヴァー携書）

1章 ファッションをととのえる

女子が求める意外な服の常識３つ　16
イケメンすら台無しなタブー３カ条　21
オシャレを頑張りすぎてはいけない　27
男子改造、実践編　37
初心者向け定番着回し服一覧　43

2章 メンタルをととのえる

あなたの悩みを他人はそれほど深く考えていない　54
恋愛に多くを求めすぎていませんか　59
失敗しないための恋愛相談のススメ　64

誠実な男子が報われず、チャラいあいつがモテる理由 70
そつなく彼女ができる男性がやっていること 79

3章 コミュニケーションをする

女性に話しかけられるようになる方法 88
コミュ障を言い訳にしてはいけない 97
女子ウケする会話のヒント 108
筋肉自慢はＮＧ 114
デートを申し込む前提条件 119
初心者のためのデート攻略法 124
デート後に振られる男子のよくある失敗例 137
「クソリプおじさん」になる原因と回避法 143

4章 深いお付き合いをする

実らない恋の見極め方 154
プレゼントの贈り方 159
悪女にダマされる男性の特徴 168
年収と恋愛の関係 173
女からの恋愛相談は聞き役に徹するな 179
趣味欄に「カフェめぐり」と書く女たちの正体 184
「結婚前提」と思われない恋愛術 190
女はなぜ怒りを限界まで堪えるのか 195
「割り切り女子」にダマされてはいけない 209
年上の女性を落とすポイント 215
年上好きな女性を心変わりさせる方法 220
「彼氏いない歴＝年齢」の女子を振り向かせる 225

嫌われてしまったときの処方箋　230
おわりに　236

1章

ファッションをととのえる

身ぎれいにすると、世界が変わる

突然ですが、「なんでこんな顔の芸能人がモテてんだ？」と感じてしまったことはないでしょうか？　聖人君子でもなければ、あるはずです。認めましょう。芸能人だからモテてるのかと思いきや、名声を得る前のヒモ時代から支えてくれる彼女がいることも多々ありますよね。

カリスマ性？　オーラ？　スピリチュアルな言葉に逃げないでください。少なくとも彼らは「身ぎれい」という基準をクリアしていたのです。

「身ぎれい」というのは、恐ろしく漠然とした概念です。ブランドものを身に着けようが、真っ白な衣類を選ぼうが、身ぎれいに見えるとは限らないからです。

ある男性が恋愛相談をしてくださったことがあります。

「俺はタワーマンションに住んでいて、ファッションにも気を遣ってて、しかも紳士的な方だと思います。なのになんで彼女ができないんでしょう」

たしかに彼はこだわりのハイブランドに身を包んでおり、高収入であることも一目でわかりました。マナーもきちんとしており、不快感を与える言動はなかったと思います。ただ一点、すさまじくメガネと歯が汚かったことを除けば。

と思うでしょう。それだけです。メガネと歯が汚い男性には、まず彼女が
ん。なぜならその男性にキスしなくてはいけないのが女性だからです。

ついたら汚いメガネが私の顔にべったりと張り付きそう」

「歯が汚いから、もしかして虫歯かな。キスしたらうつるんじゃない？」

そんな想像をされてしまったら、恋愛のチャンスは消し飛びます。「身ぎれい」とは、彼女があなたへ触れるまでに必要な全身のコンディションなのです。この章では「身ぎれい」に必要な要素を洗い出します。まずは身ぎれいになって、彼女作りの土台を用意しましょう。

女子が求める意外な服の常識3つ

「服屋へ着ていく服がない」問題

身ぎれいを作るなら、何はともあれ服装から。これまでファッション関連のご相談をいただく際に多かったお悩みは「服屋へ着ていく服がない」という切ないものでした。

女性店員に話しかけられたらビクッとしてしまう、**なんなら遠くから店舗を見つめるだけで諦めて帰る**といった嘆きの声が続々と登場。

私も服にあまり関心がなかった頃、百貨店で途方にくれた思い出があります。店員に話しかけられるのも怖いですし、話しかけてもらえないのも「こいつ、ダサすぎ。絶対に客じゃないだろ」と思われてそうで悲しすぎる……。

そこでまずは、あなたが百貨店を歩き回らなくても身ぎれいになる、3つの「恋愛ができる服」の常識をお伝えします。

常識① 女子は服で男に惚れない

「嘘だっ！！！」と思った方も、どうか3分だけ読み進めてください。お願いします。

男性から、彼女に着てほしい服をリクエストすることは多いのではないでしょうか。私もかつて彼氏にスカートが好きと言われればパンツを全部捨て、ジーンズが好きと言われればスクワットで尻から鍛えなおしていました。

それに対して女性で「私、ピンクのTシャツと棒ネクタイが好き」と細かなリクエストをするのは少数派。せいぜいがスーツを着てほしい程度です。

女性が男性にスーツを求めるのは、ファッショナブルだからではなく「社会性がありそう感」が出るため。決して「このスーツはゼニア[※1]の春夏新作でポイントは襟と裾が……」なんてファッショニスタになることを望んでいるからではありません。

女性は「不潔だからちょっと……」などと**服装で足切りをすることはあっても、加点することはない**のです。

男性は「モテる服」を探してモード系やパンクなど個性的なファッションを模索しがちですが、女性が求めているのは「社会に適応していそうな服」。ファッションにこだわりがないのは「強み」です。王道ファッションで無難に決めましょう！

常識②　鏡にチューできるかで「清潔感」は決まる

女性に服装の好みを聞くと「清潔感があれば……」というワードが出てきます。この「清潔感」は身ぎれいであることとほぼ同義です。まずは清潔感の条件をリストアップしました。さあ今すぐ姿見へあなたのボディを映してください。

【清潔感がある外見の条件】

①毎日お風呂に入っている
②爪を短く切ってある
③眉やヒゲが整っている
④歯は白くヤニがない
⑤服にほつれがない
⑥服装が無難
⑦布にシワがない
⑧フケや膿んだ傷などが見えない

女性だって人間です。「**あなたの歯にヤニがついているので、正直付き合うの厳しいです**」なんて直接的すぎる物言いができるわけもなく、遠回しに「**清潔感**」というフレーズでごまかしているのです。

といっても、清潔感の基準も千差万別。どうすりゃいいんだよ？　と悩んだら、鏡をもう一度見つめなおしてください。あなたは自分の鏡に映った顔にキスできますか？　清潔感とは、「あなたに触れられるかどうか」。もし悩んだら、ひとり鏡を見つめて「うーん、キスは厳しいかな……」などと自己判定してみてください。

常識③　女性にメンズ服の値段はわからない

「女性のほうがファッションに興味があるし、安物を買ったらすぐバレるんじゃないか」と戦々恐々している男性に朗報です。**女性はあまりメンズ服に詳しくありません。**アルマーニやグッチなど、ハイブランドなら知っていますが、特に男性ものしか扱っていないブランドに関してはあまり知らないのです。

つまり、めちゃくちゃペラペラの服でもなければ「これ安そう」だなんてバレません。ファッションに気を遣うなら……と無理して雑誌に掲載されたそのままの服を買っていま

せんか？

まず、モテるための無駄遣いはやめましょう。メンズ服はとにかく平均単価が高いので、ブランドものやファッション誌掲載の商品などを購入すると、あっという間にふたケタ万円が消えてしまいます。最初は背伸びせず、社会性のありそうな服を購入しましょう。

社会性のありそうな服とは「ちょっとビジネスライク」な服のこと。仕事着ならスーツ、私服でもジャケットを羽織るのが正解です。

普段スーツを着ない方は、スーツを着るだけで先述の通り「社会性ありそう」感を醸し出せます。私服デートなら紺色や灰色など無難な色のワイシャツにジャケットを羽織るだけで十分。無難な服が何かわからず悩んだら、スタイリストに相談したり、オンラインのアパレルショップで上から下までマネキン買いしたりするのもオススメです。

※1　ゼニア……正式名称は「エルメネジルド・ゼニア」。イタリアを代表する世界的ファッションブランド。

イケメンすら台無しなタブー3カ条

「顔がよければモテる」わけではない

いきなり直球を投げますが、イケメンはモテます。大学時代の知人で芸能人かと見紛うほどのイケメンを知っていますが、電車に乗っただけで見知らぬ女子から告白されており「んなアホな……漫画かよ?!」と絶句しました。

ただし、そこまでのモテを目にしたのは後にも先にも彼だけです。1000人に1人クラスのイケメンにもなれば、恋愛はイージーゲームですが、それは激レア案件です。この世で1000人に1人という**トップオブイケメン以外は、「そうび：顔」だけでモテ市場へ参入できない**のです。事実、十分イケメン「なのに」モテない友人も多くいます。

逆に、普通以下の顔であっても彼女候補が多すぎて順番待ちなんていうモテカーストの頂点に立つ男性も少なくありません。

残りの999人にとって「モテ」はどうすれば手に入るのでしょう？　イケメンでもモテなくなる3カ条を紹介することで、普通の男性が逃しているモテのチャンスをお見せで

きればと思います。

モテなくなる条件① 服装が無難じゃない

たとえイケメンでも、服装がSEKAI NO OWARI[※1]だとモテなくなります。**モテは簡単に言えば「大多数に受ける」こと。**大多数が引くようなファッションは、どんなに本人が気に入っていてもモテに逆らう道となります。

これは男性だけに留まるセオリーではありません。私の例を見てみましょう。

図の右側は私がモテていた時期のファッション、左側はモテなかった頃のファッションです。モテていた頃は「とにかく無難な服装」をテーマに、渋谷のマルイで買い揃えた服を選んでいました。ものすごくオシャレというわけではないですが、話しかけやすい恰好だったと思います。

その数年後、私はモード系ファッションの沼へハマります。左側のモテなかった頃のファッション、実は単価10万円前後のブランド「BERNHARD WILLHELM」[※2]の作品。刺激的なお値段だったこともあり、清水の舞台から飛び降りるつもりで購入し、いつも着ていました。そしてモテない服を着ていた時期は、パーティだろうが街中だろうが人に話し

モテなかったころ

モテていたころ

かけてもらえませんでした

まあたしかに、**左側の服装の人へ話しかけても「最近はチャネリング[※3]にハマってて」とかよくわからないこと言われそう**ですしね。モテたいならば「誰もが話しかけやすい無難な外見」が求められるのです。

昨今の男性ファッション誌には尖った服装が多く見られますが、そのほとんどは女性にとって「ないわ」と思われるアイテムです。自分が惹かれるファッションを選ぶのも大事ですが、合コンやデートではモテ狙いの無難な服を一式揃えておくことをオススメいたします……。

モテなくなる条件② 清潔感がまるでない

この世にはどんなに顔が整っていても、恋愛でうまくいかない男性がいます。「たしかに高収入だけどさ……」「性格めっちゃいい人だけどさ……」という場合も同様です。男性が持つありとあらゆる長所を台無しにするのが「身ぎれいさの欠如」なのです。

繰り返しになりますが、清潔感は女性にとってトップ・プライオリティ。**『新世紀エヴァンゲリオン』の加持さんや、『封神演義』の武成王《ぶせいおう》のような無精ヒゲが似合う男性は、現実でほとんどモテません。**[※4][※5] もしくは現実世界でも1000人に1人クラスのイケメンです。

爪の先に黒っぽいものが溜まっていないか、歯にヤニが溜まってないか、髪の毛にフケはないか……。小さな積み重ねが清潔感を作ります。これらは少しケアするだけで、簡単にどうにかできることです。毎日しろとは言いません。少しでも恋愛の可能性を感じたい相手の目に触れるときだけでも、必ずやっておきましょう。

モテなくなる条件③　連絡がおろそかすぎる

「身ぎれいさ」という言葉は外見だけを指すとも限りません。マメな態度もまた、身ぎれいなイメージを担保します。

まずは事例で考えてみましょう。たとえばあなたが新年からサークルに入って、気になる子ができたとします。ＬＩＮＥも運よく交換できたのでたまに連絡を取る関係まで進展しました。彼女と週に一度のやりとりを楽しみにしていたら、３か月後その子には彼氏ができていました。

甘酸っぱいサークルの恋　〜完〜

こんな風に、自分が満足するペースで連絡しているとマメな男性に競争で負けてしまいます。この世には「性欲を抱いた相手全員へ毎日連絡できる」ツワモノがおり、あなたの知らないところで非常にモテています。特に**女性の心が弱ったときにすぐ電話できたり「今日空いてるから話聞くよ?」とコンタクトしたりする男性は恋愛市場で無双します。**

浮気しまくり・実は既婚者・ＤＶといった地雷物件ですらモテてしまうので「あの人は

マメだけど○○だから気を付けて」と女子会で情報共有されるくらいです。

そう考えると、モテる条件はとても単純です。無難な服装をして、清潔感のある外見を意識しながら、相手へマメに連絡する。この3つが重要だからこそ、これらを押さえないと999人の一般人は恋愛戦線で苦戦します。**まずは爪切りから変えてみるもよし。**まずは小さな一歩から999人の中でモテる地位を獲得してみませんか？

※1　SEKAI NO OWARI……独特の世界観が魅力の4人組バンド。代表曲は「Dragon Night」など。個性的なステージ衣装で知られている。

※2　BERNHARD WILLHELM……同名のドイツ人デザイナーによるファッションブランド。無邪気な遊び心が満載の作風で、アーティストとのコラボレーションも多い。

※3　チャネリング……高次の霊・神・宇宙人・死者などの超越的存在との交信のこと。

※4　加持さん……加持リョウジ。特務機関NERV特殊監査部所属の諜報員。束ねた長髪に無精ヒゲ、咥え煙草に着崩したスーツ姿がオタク心をくすぐる。

※5　武成王……中国の小説『封神演義』の登場人物。ここでは藤崎竜による漫画版に登場する黄飛虎《こうひこ》を指す。兄貴風を吹かすワイルドな中年男性。

オシャレを頑張りすぎてはいけない

うかつにオシャレを目指すとろくなことにならない

「オシャレ」という言葉を私は危険だと思っています。ファッションオタクであることは全然かまいませんが、恋人を作るためにオシャレを目指すとろくなことにならないからです。

仕事柄、よく雑誌を読むのですが、その中でも愛読しているのが『GQ JAPAN』や『GOETHE』といった30代男性向けファッション誌。男性でファッション誌を読むのは相当のオシャレ好きということもあり、手の込んだコーデは買えないお値段ながら読んでて楽しいものです。

しかしその服を買えば彼女ができるかというと、そんなことはまったくありません。むしろ「ボクってオシャレでしょ?」と顔面に書いてありそうな押しつけがましいファッションは、社会性がなさそうに見えるためドン引きされる要因にすらなります。

オシャレ雑誌にも人生相談コーナーがあります。読んでみると、オシャレ男子も「彼女

に好かれる服」で日々悩んでいるのです。

好みの服を買っているばかりでは、彼女はできない。そう考えた彼らが相談するお相手は、女性アドバイザーたちです。しかし冷静に考えてみると、メンズファッションについて女性が相談に乗っているのって不思議じゃないですか？　普通に考えて、男性ファッションにいちばん詳しいのはこんな人たちでしょう。

・ファッションコーディネーターの男性
・ファッションマニア歴〇〇年の男性
・メンズファッションのデザイナー

ファッション業界を覗いてみると、世界の頂点へ君臨するデザイナーや経営者には男性も少なくありません。アパレル業界の長者番付を見ても、過半数は男性です。なのに、なぜ男性からファッションを教わらず女性に教えを乞うのか？　その答えは、オシャレをする目的にあります。

「ボクってオシャレでしょ?」男子になるな

本気でファッションを極めようとすれば、お金も時間もかかります。ガチのファッショニスタと呼ばれる方々は収入のほとんどを服へ突っ込んで数百万するスーツを買ったり、世界に1点しかないシャツを追い求めたりします。

ところが、大多数の人にとって、オシャレを追求することはそこまで重要ではありません。パリコレに登場するような「世界にひとつ」の服には奇抜なものも多いもの。ファッショニスタの**超・上級者コーデを適当にマネして街中を歩けば、人々が振り返ってあなたを見るでしょう。もちろん悪い意味で、です。**

ファッションに興味がある男性ですら、多くは「オシャレだね」と人から褒められるくらいの、「そこそこ無難なコーディネート」を選んでいます。そしてファッション初心者ほど、そこを見誤ってファッショニスタを目指してしまいやすいのです。

かつて、『脱オタクファッションガイド』という本が話題を集めました。本著のおかげで数多くのオタクがダサいファッションから救済されたに違いありません。著者はもともとオタク服に身を包んでいましたが、ファッションに目覚めてファッショニスタとなります。しかし、同じようにオシャレな人の顔を見て、ある真実に気付いてしまいます。

（著者補足　ファッション・オタクっぽい男性が）ほかの奴と違ったのは、「顔」だ。そいつの顔には、**「ボクってオシャレでしょ?」**と書いてあったんだ。愕然とした。「もしかして、俺自身もずっと『ボクってオシャレでしょ?』オーラを発し続けていたんじゃねーか!?」と（『脱オタクファッションガイド』久世 原案、トレンド・プロ 制作、オーム社）

「ボクってオシャレでしょ?」と顔に書いてある男性は、唸らされるほどオシャレを極めていない限りは……ダサい。下手に上級者のファッションを学びすぎると、初心者は「ボクってオシャレでしょ?」マンになってしまうわけです。

女性はそつのない服装を選ぶのが得意

大多数の女性は「そつのない服装」「ＴＰＯをわきまえたコーデ」に詳しいものです。というのも**女性はオフィスでビジネスカジュアルを要求されることが多く「空気を読んだ私服」を買う経験に長けている**からです。実際に女性誌を見てみると「通勤美人」「上司

にいいねと思われるコーデ」など、社会でよしとされる外見にフォーカスした特集が多く見受けられます。

世界最高峰のファッションなら、大方の女性よりあなたのほうが詳しくなれるかもしれません。しかし、**人から「いいね！」と思われる私服の選び方においては女性のほうが一般的に詳しいのです。**男性誌でアドバイスに乗る女性の需要はここにあります。

ひとりで過ごすときはどんな服を着ても自由ですが、人に会うときくらいは**「その服いいじゃん」くらいに思ってもらいたい。そう思うなら、今すぐ女友達へ相談してみましょう。**1日付き合ってもらって、彼女に上から下まで服を選んでもらえば人生が変わるはずです。

写真提供：メンズファッションプラス

「そこまで仲いい女友達いないし！」という方は、まずはネットで「女性が選ぶメンズ服」に関する記事を探してみるのです。男性には驚くほどシンプル＆ベーシックに見える服を女性は選びます。しかしこれこそ「変な目で見られず、いいじゃんと思われる身ぎれいな服」です。

前ページの写真のようなグレーのジャケットは、若干のフォーマルさを醸し出すことで女性が求める「社会性」を担保します。ベージュのチノパンも、オフィスカジュアルなら許される服装です。Tシャツにジーンズが悪いわけではありませんが、デートならこれくらいフォーマル寄りの服装が好まれます。

強がったファッションをするなよ、弱く見えるぞ

「あまり強い言葉を遣うなよ。弱く見えるぞ」といえば漫画『BLEACH』に登場するキャラクター、※1藍染《あいぜん》の名セリフです。そのインパクトからまたたく間に広がり、ネット上ではあらゆるシーンで引用されました。もはや元ネタは知らずとも使ったことのある方も多いのではないでしょうか？

さてこのセリフ、ファッションでも使えます。すなわち「強がったファッションをするなよ、弱く見えるぞ」です。**とんがった靴とか、英文が刻んである十字架とか、男女問わずファッション初心者が死にがちなポイントはいくらでもあります。**

かつて私もその穴にズボズボはまった口でして、高校時代は〝Can You Load A Gun to Innocent Kids?（お前は無垢な子供へ銃を向けられるのか？）〟と刻まれたチョーカーを持ってい

たり、いつ死んでもいいようにと兵隊が付けるドッグタグを買ったりしていました。**あれ、1文字書くごとにHPが減っていくな……おかしいな？**

実はモノトーンこそ「あまり強がるな」アイテム

『BLEACH』では、二次元だからこそ映える白黒を中心とした服が多く登場していたのを覚えていらっしゃいますでしょうか。死神の装束から滅却師《※2クインシー》に始まり、破面《※3アランカル》、十刃《※4エスパーダ》、もう敵も味方も白・黒・白・黒。**「中間色をほとんど使わず服装を区別できていたの、逆にすごい」と思います。**画面が白すぎると批判されることも多かった作品ですが、私はなんだかんだファンでした。

そしてこの白黒ファッション、現実でもよく見かけます。実際は白・黒のように明暗がハッキリした色は非常に扱いづらく、むしろ初心者はベージュやグレーなど「ぼやっとして、どんな服にも合わせやすい中間色」を使うべきなのです。なのに……自分でもなぜだかわからないんです。**初心者だった私は白黒さえ買えばなんとか許されると思っていました。**

でも、白と黒しかない服はスクリーントーン[※5]をほとんど使わず漫画を描くくらいの冒険

で、それが許されるのは久保帯人先生[※6]か、尾田栄一郎先生[※7]くらいなもんです。それを「せっかくスクリーントーンがあって便利な世の中で、画力もないのにこだわって白黒で描いちゃってんの?」を地で行くのが初心者ファッションなんだ……。書いているのが辛い。

ではなぜ白黒が街にあふれるのか。それはすでに全身モノトーンで歩いている人が多いからです。全身黒ずくめの人はどこにでもいるけど、全身ベージュずくめの人ってそういないでしょう? だったら初心者は街中にいても許されそうな真っ黒コーデにすべきじゃない、と。

半分正しいです。全身グレーやベージュはかなりしんどい。けれど黒1色、白1色は「身ぎれい」から離れた強いファッションです。偶然[※8]、世の中にそうしている人が多いから許されているくらいの危うい色使いなのです。1色に染めて崇められるのは麻雀だけや。

じゃあどーすりゃいいの!? とゴミ袋にモノトーン服をぶち込むのはちょっと待ってください。**白黒は「アクセントになる色」として重要な価値があるからです。**

差し色として「強い色を使う」

たとえばベージュのパンツに、淡い青のワイシャツを想像してみましょう。爽やかですね、爽やかすぎて背景の青空へ溶けてしまいそうです。そんな彼を溶かさないために黒いバッグはいい感じに差し込めます。黒ラインが入った靴もいいでしょう。

いきなりブルーやベージュを自分の服へ追加するのに抵抗がある方は、ぜひグレーの服を購入するところから始めてみてください。黒と白にグレーを追加するだけで、不思議なことにしっくりおさまります。白黒漫画でも、スクリーントーンがあるとやっぱり目に優しいのと同じです。

もし今の服が「ファッションであまり強い言葉を遣うな」状態になっているなら……**ぜひ一度、漫画にスクリーントーンを貼るつもりで中間色を配置してみてください。**

黒寄りの色が好きならカーキ、紺色、濃い茶色を。白系が好きならベージュ、グレー、そしてスカイブルー。ひとつ思い切ってジャケットを買うだけで「今日なんか違うね。いいじゃん」と言われるコーデへ成長できるはずです。

※1　藍染……藍染惣右介。作中最強のキャラクターのひとり。
※2　滅却師……虚《ホロウ》（悪霊）と闘う人間の集団。
※3　破面……虚の上位種、及びその集団。
※4　十刃……破面の中のさらに上位階級。
※5　スクリーントーン……漫画用画材。網点などのさまざまなパターンが印刷されたフィルムを切り抜いて貼り付け、モノクロ原稿上で色の濃淡や衣服の柄などを表現することができる。
※6　久保帯人……漫画家。代表作は『ＢＬＥＡＣＨ』。インターネット上ではまったく別人の肖像が本人の肖像として出回っているので注意。
※7　尾田栄一郎……漫画家。代表作は『ＯＮＥ ＰＩＥＣＥ』。同作品は「最も多く発行された単一作家によるコミックシリーズ」としてギネス世界記録に認定されている。
※8　１色に染めて崇められるのは麻雀だけ……混一色《ホンイツ》、清一色《チンイツ》など、牌を１種類に揃える手役がある。

男子改造、実践編

15年間服を買ってない男子を全力でイメチェン

「ファッションに自信のない人いませんか？　タダでコーディネートしますよ」と声をかけたところ、ご連絡くださったのが、小山さん。これが応募写真です。

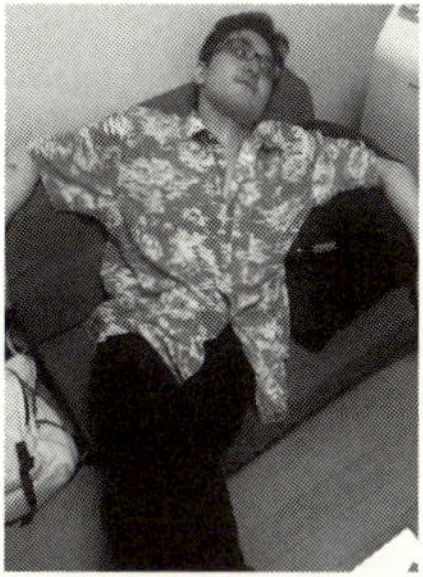

なんかすごいアロハですね。というわけで、すごいアロハの小山さんにお会いしてきました。

小山さん：服は最近買ってないですね……。**最後が高1のときなんで15年は服を買ってないかも。**

トイアンナ：そのアロハは高1のときに買ったんですか？

小山さん：いや、服は友達から貰ってます。日本の恵まれてない俺に服を送れと。だから服はあるんですけど、組み合わせがバラバラなんですよね。**俺、イケメンなのに服に興味がないんですよねえ……。**

というわけで、まずは美容室へ移動しました。

清潔感さえあれば、男子はカッコイイ

まず服に興味がないのは、しょうがないことです。スペイン語に興味がなければしゃべれないのと一緒ですから。ただ**身ぎれいにさえなれば、彼女を作るスタートラインには立てます。**

髪と眉を整えていただいたところで、事前に取り寄せた全身セットのマネキンコーデに着替えてもらいました！

【今回取り寄せた服】

・ボタンダウン半袖シャツ
・半袖Tシャツ
・ZIP付ストレッチデニムパンツ
（3点セットマネキン買い、20950円、いずれも「メンズファッションプラス」より）

小山さん：いつも鏡に映ってる顔と違う。「カッコよすぎて誰」って感じ。ダイヤの原石って磨けば光るんだなって思いましたね。あと俺、気付いちゃったんですけど、美容師さんから髪型を作るコツは「赤ちゃんの顔の形を作るイメージで」とアドバイスをいただいて。これって二次元美少女を描く方法と完全に一緒なんですよね。オタクでも二次元美少女を作るつもりでワックスをまとめれば、簡単に髪型作れますね。

美容室を訪れると、自分なりに「身ぎれい」のコツが理解できる瞬間が訪れます。

そして服装もベースとなる服をマネキンの上から下まで揃えて買ってしまえば、あとはパーツごとに買い足していけます。最初の1着がないと、初心者にはコーディネートの原型が想像できず苦戦します。しかしフルセットの「これで盤石」な服装ができると「春だから爽やかな色のジャケットを追加しよう」「紺色のパンツでも似合いそう」とアレンジをしやすくなるのです。

最初に買った服をベースに、使える服をセレクトしました。アレンジで追加した着回しコーデはこちら。

・白シャツのさらに内側で着る黒Tシャツ
・グレーのジャケット
・グレーのスニーカー
・黒のパンツ

小山さん：こうしてみると思ったよりグレー系の色って使えるんですね。

トイアンナ：ファッションに不慣れな人は、つい黒を選びますよね。でもそこへ白とグレーを入れてくだけで一気にちゃんとした服装になります。

これだけ買い足せば、数回のデートも問題なく着回せます。本当に初心者のうちは「着回し」を諦めて上から下まで揃えるマネキン買いを2～3回繰り返してもかまいません。個性よりも無難、オシャレよりも社会性。この言葉を何度も繰り返してあなたなりの「身ぎれい」を身に付けてください。

初心者向け定番着回し服一覧

No.	アイテム	コメント
1	ライトグレーのTシャツ	単体で着られる・重ね着でも嬉しいグレーのシャツはまず購入したい1枚です。
2	長袖白シャツ	どんなシーンでも活躍する白シャツは欠かせません。透けないよう、下に肌着をお忘れなく。
3	グレーのパーカー	気軽に着こなしたいときは、グレーのパーカーを1枚羽織るだけで無難カッコいいスタイルに。
4	ネイビーのショールカーディガン	気温差が激しい春夏に欠かせない1枚。グレーやホワイトなど、明るめのシャツとの相性が吉。
5	黒のテーラードジャケット	どんなTシャツもフォーマルに見せられるテーラードジャケットがあれば、デートで困りません。
6	ダークグレーのPコート	たとえ上下が黒でもコートをグレーに変えるだけで女子ウケを狙えます。
7	黒のチノパンツ	チノパンツならフォーマルからちょっとしたアウトドアまで着こなせるため必須アイテム。
8	ベージュのチノパンツ	上半身を暗めのトーンに抑えたときは、下をベージュのチノにすることで抜け感を出してください。
9	キャンバススニーカー	凝った靴へ飛びつく前に必ず持っておきたい定番中の定番。
10	オックスフォードシューズ	記念日のレストランや彼女の親御さんに会うときなど、フォーマルな場面にも堪える靴を一足。

1. ライトグレーのTシャツ

シンプルにライトグレーのシャツを羽織るだけでもいいですが、白のタンクトップを下に重ねることで簡単に女子ウケコーデを作れます。あらかじめアンサンブルで売っていることも。シーズンを問わず、長きにわたってあなたの相棒となってくれるでしょう。

ジャガードビッグ長袖Tシャツ+タンクトップアンサンブル

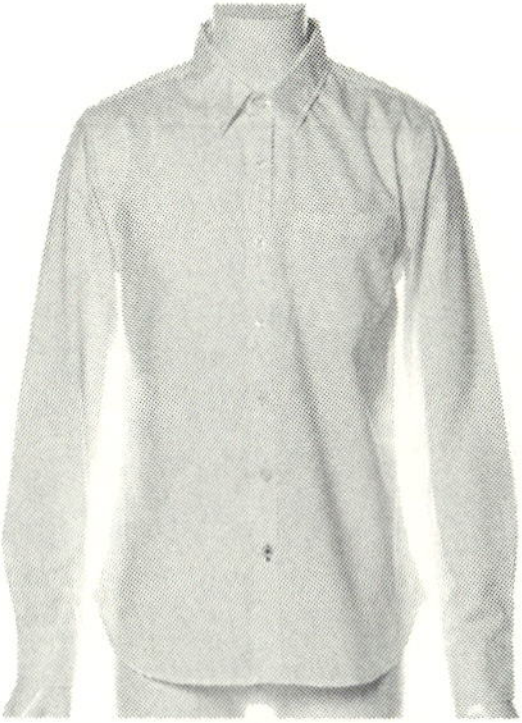

2. 長袖白シャツ

白シャツはいくらあっても困ることはありません。単体で着るだけでなく、上からジャケットを羽織ってもOK。下はチノパンツと合わせても、ジーンズを買い足してくだけた感じに見せても似合います。

ブロードストレッチ長袖シャツ

3. グレーのパーカー

重ね着なんて考えたくない、そんな日にも安心して着こなせるのがパーカーです。ラフに羽織ってもデートで活躍。

裏毛ルーズプルパーカー（グレー）

4. ネイビーの ショールカーディガン

寒暖差の激しい季節は持ち運びしやすいカーディガンをぜひ。

女子ウケ抜群のショールカーディガン
（ネイビー）

5. 黒の テーラードジャケット

下がTシャツだろうがヨレたYシャツだろうがデートで持ちこたえる神器です。

TR素材長袖テーラードジャケット
（ブラック）

6. ダークグレーの Pコート

黒コートから一歩垢抜けたいなら、まずはダークグレーに手を出してみましょう。たとえお手持ちのインナーが上下ブラックでも、これなら変化を演出できます。

フードレイヤードPコート（グレー）

7. 黒のチノパンツ

デートで欠かせないのがチノパンツ。着回し力抜群なのでぜひとも購入を。普段スウェットなどゆるめの素材に慣れている方は、ストレッチ素材で締め付けの少ないものを選ぶと履き心地もよいでしょう。

ストレッチツイルチノパンツ（ブラック）

8. ベージュのチノパンツ

ベージュのチノパンツもぜひ揃えてください。モノトーンから差し色シャツまで柔軟に合わせられる万能パンツです。「定番すぎる」と初心者は避けがちですが、定番になる服にはそれなりの理由があります。個性を演出するのは、定番を揃えてからでも遅くはないでしょう。

ストレッチツイルチノパンツ（ベージュ）

9. キャンバススニーカー

この一足から靴選びは始まります。天気、シーズン問わず履きこなせる定番スニーカーとして確実に揃えたい一足です。

オーセンティックキャンバススニーカー（ブラック）

10. オックスフォードシューズ

記念日のレストランや結婚式の２次会など、きちんと系で押さえたいときにはオックスフォードシューズが大活躍。一足買っておけば備えは万全。

オックスフォードシューズ（ネイビー）

写真提供：メンズファッションプラス

2章

メンタルをととのえる

恋愛初心者が陥りがちな考え方を改めよう

身ぎれいになれば、まずは女性から「嫌われなく」なります。しかしそこから「気になる子へ告白する」までにはもう少し道のりが残っています。恋愛初心者の男性ほど仲良くなる前にいきなり告白したがるもの。しかし「そつなくさらりと彼女ができる」男性は、告白を好感度が上がり切ったあとで行う、関係の最終確認として使っているのです。

いきなり告白しても、振られるだけです。そこでこの章では、告白前に好感度をステップバイステップで上げていく方法をご案内します。

モテる男性と非モテの男性、その世界に大きな隔たりは存在しません。生まれながらの美貌と若さという要素でモテがある程度決まってしまう女性と違い、男性は身ぎれいさや気配り、年収といった人生の途中からでも一発逆転できる要素がたくさんあるからです。「ただしイケメンに限る」「どうせ男は金でしょ」と諦めるのも自由ですが、ではなぜ普通の顔をしたヒモ男性が世にゴロゴロしているのでしょうか。「お金さえあればいい」とハッキリした女性もこの世にはいますが、そんなことよりマメな態度が好きな女性もいます。無理に背伸びをして諦めてしまう前に、あなたが強みにできることでモテればいいのです。

実は、非モテの男性ほど、下心を悪いものと考える傾向にあります。せっかく2人でデートをしていても、気になる女性への恋愛感情をなるべく隠そうと努力してしまいがち。反してモテる男性は、女性たちへ下心を小出しにします。「センスいい服してる」「がんばりやさんなんだね」と、褒め言葉をどんどん提供します。すると女性はここで「私と恋愛関係になりたいと思っている」というメッセージを受け取るのです。このように、自然にモテるには「モテている人の考え方」を学んで、できるところだけマネするのがいちばんです。

あなたの悩みを他人はそれほど深く考えていない

これまでの人生相談は童貞の気持ちに寄り添えてなかった

私が生まれてはじめて「人生相談」なるものを見たのは、小学生の頃、偶然手に取った男性ファッション誌。大学生が女性慣れしている大人の男性に相談できるコーナーで、「もう○○歳なのに童貞なんです。どうしたらいいでしょうか?」とありました。

当時荒れ気味の小学校に通っていた私。高学年ともなればクラスのマセた女子は処女じゃなくなっていましたから、「童貞」が何を意味するかくらいは知っていました。そして雑誌の相談に乗っているお兄さんは、童貞さん（仮名）へ無慈悲なコメントを返しました。

「風俗行きなよ（笑）」

しかし、小学生の私でも思いました。

「それができたら童貞してないだろこの人」と。

童貞を悩みながらも長期間維持している人は、童貞を大切にしています。どうでもいいものだと思っていたら、それこそ5万円握りしめて風俗でポイできるはずだからです。だ

からまず、童貞を保持している理由があると考えるべきでしょう。

実際に童貞の男性からご相談を伺っていると、大半は「せっかくだから好きな子としたい。でも、童貞だからって引かれたらどうしようと思うと、好きな子へもアプローチできない。付き合えたとしても、童貞だとバレないためにどうしたらいいかわからない」というものです。

この感情を無視して「風俗行きなよ（笑）」とアドバイスしても、行けるもんなら行ってるわ！　と清いお言葉が返ってくるでしょう。また、「童貞を捨てるためには○○したほうがいいよ」というアドバイスも「○○もできないから俺は童貞なんだ」と余計に自尊心を奪うだけです。

童貞は「サンクコスト」

その上でアドバイスをさせていただけることが2点あります。まず、童貞の価値について、です。

童貞さんは童貞を大事にしすぎているきらいがあります。せっかくだから好きな人と、せっかくだからホテルで、せっかくだから付き合って1年経ってから。童貞を捨てられる

機会があったとしても、なぜか守るほうに動いてしまう。

このように**「せっかくだから」と守り抜いた童貞を大切にすることをサンクコスト効果と呼びます。**人は自分がお金や時間を投資してきたものを簡単には止められない心理が働きます。パチンコで5000円をすってしまったら、その5000円を取り返すまでパチンコを止められない心理と同じです。

パチンコへ夢中になっている人からすれば「何がなんでも取り返したい5000円」ですが、傍から見ればさらにお金を突っ込むくらいなら、居酒屋バイトでもしたほうが早いんじゃないの？　と思えるコスト。**童貞は他人から見ると、パチンコですった5000円と同じ。**だから、そんな童貞を守らないで風俗行けば？　というアドバイスが出てきてしまうのです。

だから童貞は無価値だ！　と言いたいのではありません。あなたが悩んでいることに対して、他人はそれほど深く考えていないという点を押さえておけばいいのです。

女性にとって「童貞とのセックス」はまれによくある

ネットスラングで「まれによくある」という言葉があります。「まれ」と「よくある」

が相反する言葉のため結局どれくらいの頻度かさっぱりわからない迷言ですが、女性にとって童貞のセックスはまさに「まれによくある」ことです。

相模ゴム工業[※1]の調査によれば、ほぼすべての年代で女性の処女率が男性の童貞率より4割ほど低くなっています。これは遊び人の男性に複数の処女が駆逐されているためと思われます。

ということはいざ「まじめなお付き合い」を女性が考えたときには、童貞男性へ当たる可能性が高いのです。だから女性にとって「彼にとって私がはじめての相手だったんだよね」は大したことではありません。「へえ、そうなんだ」と女子会でスルーされるレベル。

ですが、**女性は男性の見栄に敏感**です。童貞なのに遊び人と嘘をついた、童貞なのにいもしない元カノの話をした……といった事実が明らかになると100%の好感度が20%くらいまで下がります。美少女ゲームで言うところの「彼氏候補」から「ただの知人」くらいまで距離を取られます。

ですから童貞さんは、自分が童貞であることを隠したい気持ちこそが童貞を長引かせることを肝に銘じてください。たとえ童貞でなくとも「経験人数が少ないから」とたじろぐ方は、マインドが童貞なため同じ苦しみを味わっているかと思います。しかし前述の通り童貞か否かは他人にとってそこまで重要なトピックではありません。これは男女逆転する

ならば、女性から「顔にホクロがあるからコンプレックスで……」と相談されたら、あなたが「知らねーよ、レーザーで取れば？」と思うようなものです。

せっかくの童貞だから、はじめては彼女と、ちゃんとした場所でしたい。経験が浅くても、心から好きになった人を、できる限り喜ばせたい。いいじゃないですか。その夢をぜひ叶えるために好きな人へのアプローチを考えていきましょう。見栄を張ったり、嘘をついたりさえしなければ、どんなにぎこちなくても、それは素朴さ、誠実さとなり、あなたの魅力となるはずです。

※1　相模ゴム工業株式会社『ニッポンのセックス』
http://sagami-gomu.co.jp/project/nipponnosex/

恋愛に多くを求めすぎていませんか

その理想は、本当に恋人への理想なのか

男女問わず「恋人への理想が高すぎる」と友人から苦笑されるタイプがいらっしゃいます。それでヨソ様の相談コーナーを見ていると「現実を見ろ！」と説くものが多く、それができたら苦労しないよなぁ……と思うわけです。

そこで今回は「理想が高いのはしょうがないよね」を基本スタンスに、改めてこの問題に向き合ってみましょう。

理想が高いと言われる人は、実際のところ2パターンに分かれます。

①非現実的な理想を追い求めているタイプ

黒髪で清楚、クラスのみんなからも尊敬されている成績優秀な子。スポーツも万能で先生の覚えめでたい。趣味はバイオリンで全国大会にも出場している。こんな90年代のゲー

ム・アニメに出てきそうなキャラクターと付き合いたい男性。非現実だということは重々承知しているけれども、その夢を捨てることはできない。

【解決策】

理想のタイプを追い求めるのは大いに結構なのですが、今のあなたは、はたして理想の女性の隣を堂々と歩けるような男性でしょうか。理想のタイプは「高嶺の花」。まずはあなたの身の丈に合うかどうか、冷静に考えてみましょう。

また、そんな理想のタイプの女性と付き合うことは、あなたにとって本当に幸せなのでしょうか。考えてみてほしいのですが、上記の理想を叶える女子と何を話すのか考えるだけでしんどそうです。バイオリンのコンサートの話とか……？　もっとこう、一緒にお笑いを見て爆笑したりしたい。そう思えたとき、あなたは現実的な恋人の条件にたどり着けるはず。

②現実の「いいところ取り」をしたいタイプ

恋人の条件は、実家が資産家で家柄がよく、きちんと教育を受けたので倹約家でもある

美人。共働き社会であることを理解しており自活している。花嫁修業はしているから家事も完璧。非現実的に見えないこともありませんが、何より①のタイプと比べて、金と欲望のニオイがします。①のタイプは「お嬢様」というフレーズに、上品にテラスで紅茶を飲むようなあいまいな美意識を求めていますが、このタイプは「実家の資産」という極めて生々しい現実を持ち込みます。

【解決策】

このタイプの男性はまず自分の条件をリストアップしてみたほうがよいでしょう。たとえばこんな風に書いてみたとします。

・実家が資産家
・自活できている
・家事はやってほしい
・ゆくゆくは親の世話もしてほしい
・美人

こういうタイプの男性はぶっちゃけた話、**金と家柄と美貌が「自分に」ほしいのではないでしょうか。**女性の条件というよりは、お金持ちになりたい、モテたいという自分の地位をステップアップする楽な手段として女性を求めているのではないかと思われます。

ですから解決策は身もフタもありませんが「自分の年収を上げる」ことです。年収を上げれば資産を気にする必要はなくなります。自分の美容へお金をかけてもいいですし、女性をはべらせて「美人なんていくらでも手に入るわ」という状態をゲットしてもいいでしょう。そうしたときに、はたして恋人へ変わらず同じ条件を求めるでしょうか。私は求めないと思います。というよりも、**恋人自体いらなくなるんじゃないでしょうか。**

自分自身を見つめなおす機会でもある

男女を逆転させて考えていただくと、もっとわかりやすいかと思います。ある女性がこういう発言をしているところを想像してみてください。

「私、なかなかいい人との出会いがないんだよね。年収2000万円以上、ファッションに気を遣っててデートでリードしてくれる、料理上手で家庭的な人。あと都内の中高一貫

校出身で早慶以上の学歴かなぁ。あ、でもイケメンじゃないと付き合えないわ」

思わず「そりゃ、お前が持ってないものを相手へ求めてるだけだろ！」とツッコミたくなると思います。

それは男性においても同じです。恋人の条件が高いことは悪いことではありません。理想が高いということは、目指す力もあるということ。ただし、偶然訪れる恋人を探すよりも、もっと欲望へと忠実になって金、地位、名誉を直接手中におさめるほうが、人生の満足度は上がるのではないでしょうか？

このように、理想が高い人は、理想の女性ばかりを追い求めるのではなく、今のあなた自身をよく見つめなおすことをオススメします。まずは自分自身と心を整えること。本当の理想の恋人探しは、それからです。

失敗しないための恋愛相談のススメ

男性は仮説を立てて行動している

恋愛相談を800名以上から受けてきた経験から痛感するのは、「男女で恋愛相談がかくも違うのか」ということです。論より証拠、以下によくある恋愛相談を男女で比較してみました。

【相談のお題「バイト先で出会った子へのアプローチ方法」】

男性の恋愛相談：バイト先で気になる子ができちゃって、飲み会のときグループＬＩＮＥ作ったから連絡先わかったんで今こんな感じでメッセージ送ってるんですけど、**これって誘ったらデートいけそうですよね？**

女性の恋愛相談：気になる人ができたんですけど、飲み会で一応連絡先は交換できて……でも次どうしたらいいかわからないんですよね。ぽつぽつＬＩＮＥでやりとりできてるんですが、**この次ってどうしたらいいですか？**

この差、伝わりますでしょうか。決して、男性が厚かましいなどと言いたいのではありませんので誤解なきよう。女性はどうすればいいかと選択肢を相談相手へ丸投げすることが多いのに対し、男性の心中には「きっと彼女はこう考えていて、恋愛のなりゆきはこうなる」という仮説があるのです。

男性にとって「恋愛相談をする」のはかなりイレギュラーな行動ですよね。女性は友達に相談して態度を決めることがよくありますが、男性は自分の頭をよすがにする傾向があります。そこにあるのは「こうなるはずだ」という仮説です。恋愛に脈がありそうか、なさそうかを自力で判定しますから、相手のリアクションを見る前から行けそうだ、という前提でガンガン押したり、逆にはなから諦めてしまったりします。

しかし仮説はあくまで仮説。誤った仮説にもとづいて行動すれば、しばしば悲惨な結果を生みます。たとえば、

・ＬＩＮＥの返事が彼女から即座に来るのでチャンスありと思ってデートへ誘ったら、普通に断られた。っていうか彼氏いた。**もはやなぜ自分へ返事をしてくれていたのかわからない。心をもてあそばれた気分。**

・大阪在住の彼女へ告白して振られた。理由は「俺くんは東京住まいだけど、わたし遠距離はダメだから」というもの。そこで思い切って関西の会社へ転職し、再度告白したらまた振られた。俺を振った理由はなんだったのか？ **もう何も信じたくない。**

・恋愛相談をされて信頼できるのは俺だけだと言ってくれてたのに、**知らないうちにほかの男と付き合っていた。信頼とはなんだったのか。**

「行けるはずだ」という仮説を立てたにもかかわらず振られたときのダメージは特に大きいもの。玉砕を重ねるたびに女性不信が募っていくことでしょう。お話を伺うたびに「南無……」と合掌しております。

恋愛がうまくいかないときは仮説でコケている

女性の恋愛相談は「どうすればいい？」と答えをアドバイザーへ投げっぱなしにする傾向があります。これはこれで自分の意思がないという問題がありますが、一方で、素直に人の意見を吸い取ってやり方を変えられるというメリットがあります。どんなに失恋しやすい女性でも、アドバイスに従い続ければ成功確率を上げられるからです（もちろん人の意

見を「でもでも、だって」と否定して一向に聞き入れない女性はいます。その場合は難航します）。

それに比べると男性は「俺はこういう仮説を立てて恋愛を進めているし、この仮説は正しいはずだ」という前提で行動することが多く、相談いただいた時点で「いや、その仮説おかしくない？」とひっくり返さねばならないことが多々あります。たとえば先ほどの例ですと、

・ＬＩＮＥで返事がくるのでチャンスありと思ってデートへ誘った
↓ＬＩＮＥの返信をするのはマナーだと思っているだけの女性も多いけれど、本当に彼女は好意を持ってくれているだろうか？

・大阪在住の彼女へ告白して振られた。理由は「俺くんは東京住まいだけど、わたし遠距離はダメだから」
↓本当に遠距離だから振られたのか？　実は「生理的に受け付けない」といったショッキングな理由でお断りしたいけれど、伝えると傷つくだろうからと配慮されていないか？

・恋愛相談をされて信頼できるのは俺だけだと言ってくれてた
↓信頼できなくてもいいから、ドキドキさせてくれる男性が好みだった可能性はないか、むしろ「信頼できる」というフレーズは戦力外通告だったのではないか？

……といったように、仮説から検証することで次の一歩を踏み出せます。自分の考えている仮説が誤っていてもいいのです。予想外のリアクションが来たときに、本当に仮説は正しかったのか？　ほかの可能性はないか？　と振り返れば、改善策が出てきます。

客観的に検証すれば、恋愛はうまくいく

恋愛で仮説を信じ込む前に、周囲の人と一度検証してみるのです。

「このＬＩＮＥを見る限り、彼女の返信は社交辞令の範囲を超えてないと思う。彼女って本当にあなたへ興味あるのかな？」と検証すれば、これから好感度を上げるすべが見つかります。

しかし恋愛初心者ほど、相談が苦手です。弱みを見せるような気がしますし、現在好かれていない可能性なんて見たくないからです。そして「きっとこの恋はいける」と仮説を信じてガンガン進み、振られます。一度ならまだいいのですが、何度も誤った仮説をもとに進んで失恋すると「もう恋愛なんかしたくない」と諦めモードへ突入したり、「女なんて信用できない」と恨んだりする方もいます。**もったいない。自分の仮説をチェックする**

だけで、あなたには彼女ができたのです。

この本を「次こそは彼女がほしい」と思って読んでいらっしゃる方は、自分を変えられる柔軟さを持っているはず。その向上心が、十分に素敵です。

次に好きな人ができたら、「今の時点で結構好かれてる気がするけれど、本当に相手はそのつもりなんだろうか？」と仮説を検証してみてください。できれば思ったことを率直に言ってくれそうな女性の友人へお願いするのがよいでしょう。どうしても男性同士だと応援するつもりで心にもない「絶対に脈あるって！」と言ってしまう方が多いからです。

もし身近に恋愛相談できる人がいないなら、思い切って有料サービスも探してみましょう。今ならネットの恋愛相談など、男性でも恥ずかしがらず使える方法が増えています。こっそりプロに相談するのもオススメですよ。

誠実な男子が報われず、チャラいあいつがモテる理由

チャラい男性がモテる理由は誤解されている

いきなりですが、もし小学校で「恋愛」という科目があるなら人生も楽になると思いませんか？　まずは1年生で出そうな問題を作ってみましたので一緒に解いてみましょう。

問題：誠実なさとし君と、チャラいまさお君がいました。誠実なさとし君は気になる女性へ下心を見せず女性のショッピングへ付き合ったり、愚痴を聞いてあげたりしました。チャラいまさお君は1回目のデートから「本当にかわいい」「俺、恋しちゃいそう」と軽いノリで近づきました。さて、どちらのほうがモテたでしょうか？　なお、さとし君とまさお君の外見や性格、収入のレベルはまったく同じものとします。

答え：まさお君

※物語は完全なフィクションです。全国のさとしさん、まさおさん、すみません。

「答えがまさお君」であることは読み進めるだけでわかったと思います。ではなぜチャラいまさお君がモテるのでしょうか？　女性は男らしい人が好き？　でもチャラい男性が男らしいかはわかりません。むしろ「俺についてこい」系のザ・硬派な男性は「誠実なさとし君」タイプに多いものです。

実はここで多くの男性が誤解しています。答えとしてありがちな例では「女は優秀な男の子孫を残したい。優秀に見える男は多くの女からモテる。モテている男は優秀な遺伝子がありそうに見えるので、さらにモテる」といったものがあります。

しかし、優秀さだけでモテるなら、どんな顔をしていようが高所得男性が無条件にモテてもいいはずです。人間界で子供に最大限の投資ができるのは年収や地位が高い男性だからです。あるいは肉体的に強い男性が、自然界のオスがモテるようにモテてもいいでしょう。しかし現実には、**高所得やマッチョの男性が非モテに苦しんでおり「こんなはずじゃなかった」と呻《うめ》いているのです。**

ではチャラい男性のほうがモテるのはなぜでしょうか。答えは「メッセージの一貫性」です。

モテる男性は下心を一貫して小出しにする

モテる男性は、出会った瞬間から気になる女性へ下心を小出しにします。「センスいい服してる」「がんばりやさんなんだね」と、男友達には言いそうにない褒め言葉をどんどん提供します。

女性はここで単に褒められていると感じるだけでなく、**「恋愛関係になりたいと思っている」というメッセージを受け取ります。**もし恋愛関係になりたくなければここで上手にかわせます。

最初から恋愛感情を見せてもらえれば、デートを承諾することで「私も付き合うの、まんざらでもないと思ってる」というサインを女性も見せられます。だからこそ3回目のデートで告白されても女性はびっくりしません。最初から「付き合いたい」というメッセージが小出しにされていたからです。

誠実な男性は下心を最後にいきなり見せて、女性を驚かせる

これに対して、誠実な男性ほど下心を悪いものと考える傾向にあります。ですから、

デートをしていても、恋愛感情をなるべく隠そう、隠そうと努力してしまうのです。そうすると女性は「彼はきっと、私と友達になりたいんだな」というメッセージを受け取ります。ところが、男性の方は胸のうちで「こんなに好意を見せてくれるんだから、きっと付き合えるだろう」と期待値を高めてしまうのです。

そして満を持して告白する――つまり「恋愛関係になりたい」という下心をいきなり見せます。ところが女性はずっと「友達になろう」というメッセージを受け止めてしまっていたので驚き、拒絶してしまうのです。

下心を隠しすぎると、女性に向けて発信するメッセージから一貫性が失われます。女性から見れば「俺は友達だよ、友達、友達、友達……**好きだ!!**」といきなり別のことを言われるようなものであるわけです。そこで女性から伝家の宝刀「友達だと思ってたのに」が飛び出し、一刀両断されてしまうのです。

下心は、小出しにしよう

たとえば「家族が楽しめる」とハッピーセットのCMを打ち出してきたマクドナルドが、明日から「リッチな男の上質時間」なんてキャッチコピーを使い出したらびっくりしませ

んか？　人は一貫性のないメッセージを受けると不安になる生き物です。恋愛でもそれは同じ。付き合いたいなら、最初から下心を小出しにすべきです。

次に気になる女性ができたら、思い切って**「話をしていると楽しい」「○○ちゃんと一緒に過ごせてよかった」**など、恋愛の下心を匂わせるフレーズを入れ込んでいきましょう。恥ずかしいならＬＩＮＥだけでも大丈夫です。

誠実さを崩す必要はありません。デートを昼の時間帯にする、相手の忙しい時期は避けるなど、「身体目当てじゃなくて、君のことを気にかけてるよ」と思わせる行動はいくらでもあります。ただ、最初から「友達にしてはちょっとトゥーマッチ」な褒め言葉で恋愛を匂わせるだけでいいのです。

もし最初の褒め言葉を付け加えたあとで「ありがとう！　またみんなで遊ぼうね」など「みんなと同じ友情」を思わせる返事が来たら……残念ながらその恋はそこで終わりです。けれど「私も楽しかった！　またご飯行こうよ」と返ってきたら。新しい恋のチャンスはすぐそこにあります。

恋愛感情を伝えないとどんどんすれ違っていく

実際にあったケースを見てみましょう。

25歳のOL、マナさん（仮名）は、友達からあるEDM（エレクトロニック・ダンス・ミュージック）のライブイベントに誘われました。軽い気持ちで参加すると、友達はファン同士で交流しており、マナさんもファンの飲み会へと参加することに。楽しい一晩を過ごします。その後、飲み会で知り合った男性から「別のライブ行かない？」とお誘いがあり、スケジュールも空いていたので行ってみましたが「この音楽ジャンルは好きじゃないかも」と感じました。

ところがその日から、男性が何度もライブへ誘ってくるようになりました。マナさんはもう行くつもりがないので断ると「CDを送るから聞いて」「バンドのTシャツあげる」と猛攻勢が。怖くなったマナさんが友達に相談したところ「彼、マナのことが気になってて、それでデートしたかったんだって」と返事が……。

マナさんはCDやTシャツを押しつけられたことから恐怖心を抱いてしまい、友達経由で付き合いを断りました。その後マナさんは彼がFacebookに「恋愛感情がないな

ら最初からデートするなよ」「いつか復讐してやる」と延々と書き込んでいるのを知って怖くなり、警察へと相談するほどの大ごとになってしまいました。

さて、この男性が振られたのはなぜでしょうか。私は、性欲を隠しすぎたからだと見ています。

男性はマナさんへ「あくまで音楽の話だから」という体《てい》で話しかけていました。ですからマナさんは音楽に興味がある／興味がないという理由でお出かけするかどうかを決めています。しかし、もし男性が「この前飲み会で話したら楽しくって。よければご飯行かない？」と、恋愛感情を匂わせていたら。マナさんは音楽の話をいったん忘れて彼と出かけられたはずです。

モテる男性は気になる女性に出会ったとき「恋愛」なのか「友達」として仲良くなりたいかをきちんと相手へ伝えます。なぜなら**女性は男性と出会って数回目までに、彼氏候補か友達かを決めてしまう**からです。

ところが、**非モテの男性ほど「俺は共通の趣味があって彼女を誘ってるだけ！」と言い張ります**。まるで恋愛感情を抱くのが悪いことかのように。

自称非モテの男性、ケントさんはこう語ります。

ケントさん：そりゃ、（彼女のことは）最初から気になってますよ。美人だし、声もかわいいなって。でも一目惚れって誠意がない感じがしてイヤだし、しかも最初から「デートしたい」って誘うのは無理でしょ。絶対断られますもん。だから普通は趣味のイベントに誘ったりしますよ。

トイアンナ：たとえば何かイベントに誘うとして「もっと○○さんのことを知りたくて」っていう恋愛的な意図があることって伝えてます？

ケントさん：いやいやいやいや！　無理です、無理！　そんなの告白と一緒じゃないですか！　まだこっちも相手のことよく知らないのに、そんなこと言ったら迷惑だし。キモがられたらどうしようとか考えますし。相手にとって失礼ですし。無理です。

ところが、女性にとっては逆。**「もっと知りたい」と言ってもらえることであなたが「彼氏候補」になります**。「趣味が一緒だから○○へ行こう、これはあくまで共通の関心があるから誘ってるだけだから！」という体裁を整えすぎると「友達候補」になってしまうのです。

性欲と恋愛感情は地続きだと認めよう

もし当てはまるフシがあるなら、今からでも全然遅くありません。「よければ○○ちゃんの話もっと聞いてみたいんだけど、ご飯でもどう?」とLINEしましょう。

でも、今は一目惚れで彼女のことを本当に好きかどうかわからないし……とお悩みかもしれません。たとえ「かわいい」「胸がデカい」「触りたい」といった性欲から誘いたくなったとしても、それは恋愛感情と地続きです。

恋愛感情だって広く言ってしまえば性欲の一部。どうせ一生セックスしたい相手と結婚するんだから、目の前でヤりたい相手は恋愛対象であり、彼女候補です。彼女にしたいかは、デートしながら考えればいい。まずは「趣味だから」「仕事だから」といった世間体を忘れて、ランチにでも誘ってみませんか。

そつなく彼女ができる男性がやっていること

美女とばかり付き合っている男性から学べることは多い

２０１７年、佐々木希の結婚のニュースが世間を騒がせ、多くの男性を失意のどん底へ落としました。**前世でいったいどういう徳を積めば佐々木希さんと結婚できる人生が回ってくるのか知りたいですし、なんなら私が結婚したいです。**

さすがに「俺の元カノ、佐々木希」という強者は存じ上げませんが、美人としか付き合ったことのない、しかもそつなく彼女を作っている男性が数名います。ただ私の主観で美人と言っても「女の言うカワイイは信用ならぬ」とおっしゃりたい方もいるでしょう。ですからきちんと定義します。

今回ご紹介する「美人としか付き合ったことがない」男性の語る美人とは、下記のうち３つ以上を満たす方です。

①年に最低３人から告白される

②「電車で一目惚れ」など今どき漫画でも流行らない設定で告白される
③雑誌専属モデルとして本気でスカウトされる
④友達から次元を超えて「漫画の美女キャラ」に例えられる
⑤ファンクラブが少なくとも1回は作られていた
⑥告白されるときの言葉が「顔が好きです、付き合ってください」

このうちひとつくらいなら「オタサーの姫」など、限られたコミュニティの王者になることで達成できます。しかし半分以上を満たす女性なら本物の美人と納得いただけるのではないでしょうか。そして**美女としか付き合ったことのない男性は、イケメンでもなければ金持ちでもありません**。ただ、**普通の男性とは違う習慣がいくつかあるだけです**。ここからはヒアリングから判明した「美人とばかりそつなく付き合える男性」の特徴をお伝えします。

相手と対等に接するメンタルを持つ

冒頭に登場した佐々木希さんで想像してみましょう。あなたの学校や職場に突然、佐々

木希さんと瓜二つの女性が入りました。しかも彼女はシングル。デートに誘うなら今がチャンスです。あなたは口説けますか？

私だったら朝イチで「おっ、お、おはよぅございまひゅ……」とコミュ障丸出しの挨拶をし、それを死ぬほど後悔しつつも一言会話ができた幸せを噛みしめるでしょう。そう、**普通の人は美人を見ると自らモブ**[※1]**の地位に堕し、満足してしまう**のです。

ところが美人とばかり付き合う男性は違います。**相手がどんな顔をしていようがまったく変わらない態度で接する**のです。美人はそれだけでも新鮮に感じます。何しろ美人は普段、男性から緊張されまくって過ごしているのですから。「この人って話しやすい」と思ってもらえるだけで、恋愛に繋がるチャンスを広げているのです。

「これがあればモテなくても幸せ」と言えるものを持つ

なぜこの手の男性は緊張せず女性へ話しかけられるのでしょうか。美人とばかり付き合う男性に共通していたのは「**一生独身でも楽しく生きていける理由がたくさんあった**」ことです。自分がモテなくてもいい、独身でも全然かまわないと思っている男性にとって、女性と付き合うことはオプションに過ぎません。

対人関係の緊張は「この人に嫌われたくない」という思いから生まれるもの。別に嫌われてもいいや、くらいに思っている男性は美人相手にも堂々と振る舞えるのです。そういう意味では、オタク男性は趣味がハッキリしているだけ美人を口説きやすいかもしれません。たとえ美人に好かれなくたって、ミリタリは滅びませんし寝台列車は廃線になりません。女性より大事なものがある人は、恋愛でも動じにくくなります。

自分が「これがあればモテなくても幸せ」と本気で言い切れるまで、何かを突き詰めてください。なお、お金持ちの男性が美人と結婚できるのも「別に俺はいくらでもほかの美人を手に入れられるし、金があるから独身でもいいし」と割り切れる自信が少なからず寄与していることでしょう。

「彼女を選ぶ理由」が明確である

そして意外かもしれませんが、美人とばかり付き合う男性はいずれも「顔がいい女性としか付き合えない」と公言していました。周囲が聞けばドン引きしてしまいそうな宣言ですが、これを聞いた美人は「なるほど、だから私が誘われたのか」と納得します。

20歳を超えて自分が美人だという自覚のない美人はいませんん。ですから美人にあえて

「女は顔じゃない」などと言っても心打たれないのです。むしろ「俺は彼女を厳選するタイプだし、美人は最低条件。その上で好きになった奴じゃなきゃ無理」と普段から言っている男性であれば、自分が選ばれた理由に納得してもらえます。

恋愛では「なぜ彼女を選ぶのか」を明確にしたほうが女性も誘いに応じやすくなります。男性だって「誰でもいいから彼氏くれ」と言っている女性と、わざわざ自分が付き合う理由は見出せないでしょう。「誰でもいいから彼女ほし～」と言っている男性がモテないのはそのためです。美人としか付き合わない男性は「美人以外と付き合うくらいなら独身でいい」とハッキリ線引きし、自信を持って美人に相対しています。

もしもあなたが美人と付き合いたいなら、まずは周囲に面食いだと宣言しましょう。話はそれからです。

※1　モブ……モブキャラクター。漫画やアニメの中で、名前があるキャラクターの背景に描かれた名もなき通行人や群衆のこと。自分の人生の主人公は自分であるはずなのに、自分は取るに足らないモブキャラクターだと感じたことは誰もがあるはず。

3章

コミュニケーションをする

最初のひと声から恋を始めよう

ここまでお読みになったあなたは、女性から「拒絶されない」外見と心構えを整えていらっしゃることでしょう。さあ、この章ではもう一歩先へ進みます。「女性と上手にコミュニケーションを取る方法」のご案内です。

日本人女性はまだまだ「自分から面白い話を男性へ振って、あなたを口説く」ように訓練されていません。むしろ受け身でありさえすれば恋はなんとかなると誤解して、年単位で彼氏がいない美女もゴロゴロしているのがクール・ジャパンでございます。

男性も女性と話し慣れていない方は「そもそも最初の一声がかけられない」のではないでしょうか。一度流れに乗ればそれなりに話せても、最初にどう話しかけるかは永遠の課題です。

私には「チャラ男からナンパのテクニックを教わる」という悪趣味があるのですが、基本的に数打ちゃ当たる戦法で女性を落としている彼らですら、意外なことに本命の女性相手だと緊張するらしいのです。ナンパ師のテキストには「オープナー」という専門用語で、どう話しかけるかにだけ特化した議論があるくらい。特に気になる女性が相手なら、緊張するのが当たり前でしょう。

本章では身近な女性に気軽に話しかけられるようになる簡単なテクニック、また、女性に言ってはいけない・やってはいけないことも、実際の失敗談のヒアリングから理由を分析して紹介したいと思います。

女性に話しかけられるようになる方法

まずは拒絶されにくい場所で訓練を

人生相談をお受けしながら思うのは、男性の恋愛相談に対するアドバイザーの答えは「荒っぽいよなあ」ということです。たとえば「彼女がほしいです。でも女性にどうやって話しかければいいかわからないんです」という草食系男子のご相談に対してよくある回答はこんな感じです。

「人の目は気にせず話しかけろ！」

「自信を持って頑張って」

「ナンパで経験人数を増やせ！」

いやいや、**「話しかける勇気がないから相談してるんですけど！」**と、**私が相談者なら空手チョップでツッコんでしまうわ。**どこの世界に「算数が苦手です」って相談して「算数できるようになれ！」と回答する先生がおりますか。でも、男性の恋愛相談だとなぜかそれが成り立ってしまうんです。

そこで今回は、私が実際にアドバイスして成功にまで導いた、好きな女性へ堂々と話しかけられるトレーニング方法をお伝えします。

そもそもなぜ、私たちは好きな人へ話しかけられないのか。それは「嫌われたらどうしよう」と反応が気になってしまうからです。家族や友達ならちょっとやそっとのことで嫌われない自信があるからリラックスして話ができます。

女性は相手がガチガチに緊張しているのを見抜きますから、この状態で挑んでもつられて緊張させてしまうのがオチです。ですから女性と仲良くなるには、**友達に話しかけるのと同じくらいリラックスして女性へ話しかけられる自分になることがゴール**となります。

友達と同じように女性へ話しかける自分に変わるためには、「この前話しかけたときは拒絶されなかった」という成功体験が欠かせません。そこで、ゲームでまずはLv.1でも倒せる敵から始めるように、話しかけてもいい状況が揃っている場所で訓練しましょう。

Lv. 1　コンビニの店員さんに道を聞く

女性へ話しかける訓練をしたいとき、いちばん簡単なのは業務上相手が絶対に対応してくれる場所を選ぶことです。コンビニの店員さん、警察官の女性などへ道を聞きましょう。

最寄り駅への向かい方など、誰でも答えられそうな場所への道を教えてもらうのが王道で

す。

これなら「3日間お風呂に入っていない」「パンツ一丁」などよほどの事情がなければ拒絶されません。強いて言うなら、混雑している時間帯にお願いすると嫌がられるのでレジが空いているか確認してからにしましょう。

Lv.2　女性がひとりで入れるバーへ行く

Lv.1を卒業したら、次はバーへ行きましょう。カウンターのあるイタリアンや、マスターが気さくで常連さんの多いバーなどにはひとり飲みの女性も通っています。そういったバーで自分もお酒を飲みつつ、マスターと気軽に会話しているような女性を見つけてください。そして「いつも来てるんですか？」と話しかけてみましょう。すでにマスターと話している女性ですから、よほどの事情がない限り無視はされません。

なぜ自分がバーへ来たか聞かれたら、率直に「これまでの人生で女性と話す機会がなくて、会話の練習のつもりで来ました」と言ってしまえばしめたものです。酒のネタにちょうどいい話題として盛り上がります。

ここでうっかりカッコつけて「バーをめぐるのが趣味なんです」なんて大嘘をつくと、あとで恥をかくだけなので注意してください。また、バーによっては隣のお客さんに話し

かけることをタブーにしている場合もあります。カジュアルで、常連同士がわいわいやっているお店を選んでください。

Lv.3　趣味のイベントへ参加する

お酒の力を借りて話せるようになったら、次はシラフ状態での会話を目指しましょう。料理教室やハイキングなど女性も参加していそうな趣味のイベントへ行き、同じ場所にいる女性と話してみてください。趣味の延長であれば話題も振りやすくなります。

Lv.2でお酒の力を借りてでもスムーズに話せるのであれば、最終段階も怖くなくなっているはず。そうして女友達が増える頃には「女性と話ができない」あなたは過去のものとなっているはずです。

好みでない女性へも話しかけること

こうして徐々にステップアップすれば、Lv.1で店員さんに話しかけられた自分、次にバーで頑張った自分を胸に次の段階へと進めるため、緊張しづらくなります。

店員さんやバーで偶然出会った女性など**「恋愛対象ではない人」と会話する経験を豊富**

に積ませてもらえるので、いきなり好きな女の子をデートに誘うよりハードルが低いのもメリットです。むしろ初心者のうちは好みから外れている年齢層の女性など、自分が緊張しづらいタイプと積極的に話してください。

最初は自分が話す内容を考えるだけでパッパッになるかもしれません。けれど、そんなあなたが拒絶されにくいどころか「面白い話題を提供してくれてありがとう」と受け入れられやすい場所がこの世にはあります。無理せずできることから、女性慣れしていってください。

「お願いごと」が成功の秘訣

「でもどうやって知り合いの女性に話しかけたらいいかわからない」は多くの男性が抱える悩みです。誰かが真横で何を話せばいいか指示できればいいのですが、そんなことをすれば怪しさ200%。警察を呼ばれるのがオチです。

この「女性へ気軽に話しかけられるかどうか」はモテ・非モテの大きな境目となっています。身近な女性に気さくに話しかけられる男性はそれだけでチャンスが増えるからです。

たとえば20人女性がいるサークルへ参加したとしましょう。**女性へ話しかけられなければ、**

あなたの記憶は残らないため実質的な出会いは0人です。逆に20人全員と馴染めるなら彼女ができる、もっと言えばモテモテになる可能性だって生まれます。

ですからまずは「気さくに話しかける訓練」を積むのがいちばんです。そんなことができれば悩んでないよ！　というツッコミを入れたくなるところかと思いますが、誰でも始められる簡単な話しかけ方をここではご紹介します。

話しかける内容はいたって簡単、「小さなお願いごと」をしましょう。たとえば前述のサークルなら「ちょっとペン貸してくれない？」でもいいですし、「トイレ行くから荷物見てて」なんてのもいいでしょう。

お願いごとをすると「意外と女性から断られないぞ」という体験を積むことができます。話しかける前はすげなく拒否される、無視されるといった悪い想像力を働かせがち。それと比べて現実はもっと優しくできていることを学べます。あなたも人から道を聞かれて断ることはまずないでしょう。ほとんどの人はいきなり拒絶してこないのです。

「話しかけても大丈夫だ」という経験さえ積むことができれば、徐々に日常会話を振ることができます。「今日はいい天気だね、こんな日は授業をさぼって公園でサンドイッチでも食べたくない？」といった話題を出せればしめたもの。グループでのお出かけからデートまで、少しずつ距離を縮めることもできます。

3つの禁じ手に注意せよ

ただし、話しかけ方を間違えると一気に女性から警戒心を抱かれることがあります。小さなお願いごとで鍛錬する前に、必ず以下「3つの禁じ手」に注意しましょう。

禁じ手① 後ろから話しかける

女性は小さい頃から「変なおじさんに気を付けてね」と不審者への警戒心を身につけています。実際に性暴力の被害に遭われた方なら夜道や電車は特に警戒スポット。そんな警戒中に後ろからいきなり声をかけられたら……ダッシュで逃げられるかもしれません。

正面から話しかければ普通の男性だと安心できるでしょうが、後ろからいきなり声をかければ恐怖を与えます。特に見知らぬ女性へ話しかけるときは「ナナメ前から」歩み寄ってください。

禁じ手② いきなりデートのお願いをする

「困っている人を助けたい」とは、誰もが思うところ。だからこそ「小さなお願いごと」はうまくいくのですが、成功する理由はあくまでお願いごとがささいなことだからです。

デートをしてほしい、連絡先をいきなり交換してほしいなど**性的な関係を意識させる「大きなお願いごと」はNOを突き付けられる可能性が高い**ので注意してください。

同じ理由で、知らない女性に一目惚れしても、いきなりラブレターを渡して告白するのがリスキーであることがおわかりいただけるかと思います。まずは小さなお願いごとで「顔見知り」になるところから始めてください。

禁じ手③　お金のやりとりをする

たとえ100円であっても、**人にお金を貸すには信頼関係が必要**です。何もお互いを知らないにもかかわらず「ちょっとジュース代貸して」と言われようものなら、近場のATMを教えられるのがオチ。金銭のやりとりは親友だけができること。額の大小にかかわらず、仲良くなりたい女性へお願いするのは止めましょう。

なお、お金を借りるのと同じように「あげる」のも大きなプレッシャーを与えます。たとえばあなたが見知らぬ女性から「あなたが好きだから遺産の1000万円をあげる」と言われたら恐怖を感じませんか？　同じように女性へお金を貢ぎすぎると怖がられてしまうので、お願いごとをしたあとのお礼を払いたくても少額に抑えましょう。**「ありがとう」の言葉も、小さなお願いごとには十分な謝礼**です。

実は直接話しかけるほうが拒絶されにくい

最後に、「直接話しかける」ことの重要性をお伝えしたいと思います。女性へ話しかける勇気がないからと言って、TwitterやLINEで連絡を取ろうとしてはいないでしょうか。

これらのツールは返信する義務がないので「今ちょっと忙しいからあとで」くらいの理由であっさりとスルーされてしまいます。好き・嫌いの感情と関係なく無下にされることが多いのです。それに比べて直接話しかけた場合は、よほどの事情がなければ冷遇されることはありません。初心者こそ面と向かって話しかけましょう。

コミュ障を言い訳にしてはいけない

「オタクだから嫌」と思う女性はそんなにいない

一般的に「オタクはモテない」……のが通説となっています。が、実際にはそうでもありません。女性でもオタクはいっぱいいますし、オタクでも結婚している人は山ほどいます。というか、何を隠そう私も10年以上前に二次元の嫁[※1]を見つけ、毎年誕生日にはケーキを買ってお祝いしています。

そんな私もかつて結婚していましたが、**結婚前に「俺と○○（二次元の嫁）とどっちが好きなの？　って質問だけはしないでね。答えられる自信ないから」**とお願いしました。

そして元夫にも二次元の嫁がおり、お互いにグッズを並べて、

（元夫）（元夫の嫁）（私）（私の嫁）

になって川の字で寝ていると4人家族のようでした。

婚活パーティでもオタク同士の会が増えていますし「男性向け」「女性向け」の垣根を超えて楽しめるオタクコンテンツも増えてきました。オタクとの結婚は、特に同類のオタク女性にとってなんでもないこととなっています。

ではなぜオタクは結婚しづらいのでしょうか。今からひどいことを言います。

コミュ障の言い訳に「俺ってオタクだから」を使っている人が多すぎるからです。

オタクでも布教を繰り返せば話し上手になる

オタクには大きく分けて2種類います。

ひとつ目は趣味が高じてオタク化した方。時計、クルマ、ミリタリ、アニメと無数に枝分かれした趣味の先端で、今日も明日も趣味へ投資し続けます。「アニメを全部観てるわけじゃないけど、○○監督の作品なら」と特化している方も多く、その結果語り合える同志の数も少なくなります。

同志が少ないということは「一般向けにわかりやすくオタク趣味を説明する」経験も多く積むことになります。

たとえばアニメの紹介ひとつとっても、

「幾原邦彦※2って監督がいるのね。髪型が面白い人でさ、Google 画像検索してみ？　で、髪型そのまんまのアニメ作ってるのね。でも話は意外と宮沢賢治みたいな深イイ話なんだよ～。変な髪型の宮沢賢治ってすごくない？」

……くらいにライトでポップな説明ができる方が多いです（幾原邦彦監督のファンの方、そして幾原邦彦様、申し訳ございません）。ここまでくだけた説明なら、知らない人も「ちょっと観てみたい」と思わせる力があります。知らない人に作品を布教できることは喜びのひとつ。こうして**オタク男性はプレゼン能力がどんどん上がっていきます。**

彼女ができないオタクはコミュニケーションを放棄する

ではふたつ目のオタクはどんな方か。まずオタクになった動機が「作品を好きだから」ではないことが多くなります。なんとなく小中学校でぼっちになるのが怖くて、でもスポーツ万能なスクールカースト上位の男子とはつるめない。「だったら……あのオタク集団なら、参加できるかな」。そんな動機で趣味を始めます。

この手の男性にとっては**オタク趣味が「心の居場所」となっていますから、それを布教するより新規参入してくるニワカをバカにしたほうが自分のため**です。新しい仲間が自分

より同じ趣味で詳しくなってしまったら、オタク界隈でも居場所を失うかもしれないからです。作品の素晴らしさを非オタの方へ布教する必要性も感じないので、内輪ネタで盛り上がる傾向があります。

1番目と2番目のオタク、大きな差は「コミュニケーションを放棄している」かどうかです。たまたま趣味がオタクだった男性は、作品をポジティブに語る姿勢が「カッコいい」「私の知らないことを教えてくれる」とプラスに映ることも多くなります。

しかし「最近はいい作品全然ないね〜。やっぱり80年台の○○は〜」と上から目線で語るだけの姿はどう映るでしょうか？　「詳しいんだね、すごいね」以外の感想を受け付けない会話をするオタクは恐ろしいほどモテません。オタクだからではなく、相手とのコミュニケーションを放棄しているからです。

相手に合わせた話題を自分なりに話そう

もしあなたがオタクかつ彼女持ちになりたいなら、いっそガチオタを目指しましょう。至高の作品を見つけて、人生が変わるほどのショックを受けてください。「俺がBlu-ray 1巻を買うから、ダマされたと思ってこれ観てよ！」と言いたくなる何かを。

作品を一般の方へ布教するのは至難の業です。ちょっとやそっとじゃ「続きをツタヤで借りてみよう」とすら思ってもらえません。だからこそ、コミュニケーション能力が磨かれます。

相手も人間ですから、いきなり作品を押しつけられても試してはくれません。アニメなら好きなドラマを聞き出してから好みのストーリーの作品を勧め、ミリタリならダイエットに悩む女性へとサバゲー[※3]のダイエット効果を語る、など。このように相手に合わせて話題を提供できれば、立派にコミュニケーションを取れていると言えるでしょう。

話しすぎる男性は、何を話しているか思い出してみよう

こんなご相談をいただいたことがあります。

彼女いない歴＝年齢です。彼女は欲しいですが、自分自身に自信がなくて友達関係になることすら、どうせ無理だと諦めて行動に移せないです。自分に自信がないのは中学時代のイジメで自尊心がなくなってしまったためです。

また、**話の聞き方や広げ方がよくわからず、自分の話ばかりしてしまう**クセがありま

す。頭では理解してるつもりですが、何度やっても同じ過ちを犯して会話が盛り上がりません。
自分に自信をつけて異性の友達を作れるようになりたい。ステップを踏んで彼女を作りたいです。

まずはご相談内容をシンプルにまとめてみましょう。

〈悩み〉
・彼女を作りたいけれど、女性と話がうまくできない
〈現状のまとめ〉
・彼女いない歴＝年齢
・彼女はほしいけど友達関係になることもできない
・頭ではいけないとわかりつつ、つい自分の話ばかりしてしまう
・自信がないのは中学時代のイジメが原因だと思う
〈理想〉
・まずは女性と友達関係を築きたい。その上で彼女がほしい

この男性は、とても誠実です。自分で「彼女いない歴＝年齢」と告白する方はいても、そのあとなぜ彼女ができないかを冷静に分析できる方はそういらっしゃらないからです。

特に「話の広げ方がわからない、つい自分の話をしてしまう」とおっしゃっているのはすごいことです。なぜなら、**9割の男性は自分が話しすぎていることに無自覚**だからです。

もしこれまでの人生で「しゃべりすぎ」「もっと女性の話を聞いて」と言われたことがあるなら、何を話しすぎているのか内容に着目してみましょう。以下、3つのグループへ分けてみましたので、どちらが多いか読みながら考えてみてください。

【自分が話しすぎてしまう内容のチェックシート】

グループA

□　自分が仕事で頑張っていること
□　有名人の知り合いであること
□　世間への批判

グループB

□ 流行りの話題やスポーツなど時事ネタ
□ 「メニュー何にする？」など、これからの予定
□ 自分が目指している人や尊敬している人の話

グループC

□ 相手へのアドバイス
□ 相手について質問しまくった結果、詰問しているように見える
□ オススメしたい本などの商品

グループAが多いなら、「すごい」と言われたい気持ちを認めよう

グループAが多い方は、心の底で自分が「すごい」「頑張ってるね」と言われたいタイプ。ですから自慢する内容も、社会的にステータスがあるような内容となりがちです。まずは「すごい！」と言われたい気持ちが自分にあることを認めてみましょう。

その上で、普段から自分で自分を褒めることが大切です。人に認められたいという気持

ちは、自分が自分を認めていないという感情の裏返し。1日の仕事が終わったら目をつぶって心の中で「今日は○○と××が終わったぞ、俺も頑張ったな」と自分に声をかけてあげましょう。

グループBが多いなら、沈黙の練習をしよう

無難な話題を振ってしまうグループBが多い方は、相手の女性から嫌われないかと不安を打ち消すように話していませんか。女性にどう話を振ったらいいかわからないので、とりあえず誰でもリアクションが取れる無難な話題を提供します。しかしそこで女性の反応が薄いと、さらに焦って話し続けるジレンマに。相談者さんもこのタイプではないかと私は考えています。

さて、もしこのタイプに当てはまるなら、時事ネタを封印して、代わりに「どんな仕事してるの？」といった話題を振ることにしましょう。仕事の話題はとても掘り進めやすいもの。特に、何が仕事で大変かを聞いて「それは大変だ。そこで頑張れるってすごいですね」といった深掘りを試してみましょう。

また、相手の女性がなかなか回答しないときは、次の話をする前に「10秒沈黙を数え

る」ようにしてみましょう。女性から鈍いリアクションがあっても、それは何を話そうか迷っているだけかもしれません。「1、2、3……10！　よし、話を変えよう」と心の中で数えて待っていると、焦らずに済みます。

グループCが多いなら、逆にアドバイスを貰ってみよう

相手にアドバイスをしたいグループCが多い方は、人の役に立ちたい気持ちが空回りして、気付けばお説教になってしまうタイプ。献身的な気持ちはとてもありがたいのですが、受け手は心の準備ができておらず、いきなりのアドバイスに面食らうことがあります。

もしあなたがアドバイス魔なら、いっそ相手からアドバイスを貰うようにしてみましょう。「実はファッションに自信がないのが気になってて、でも誰に相談したらいいかわかくてさ。ダイエットも含めて検討してるんだけど」といった、何かしら助言をしやすい質問をするのがオススメです。

※1　二次元の嫁……架空のキャラクターに対する愛情表現のひとつ。「俺の嫁」とも。男性から女性

キャラクターに対してのみならず、女性から男性キャラクターに対しても用いられる。

※2　幾原邦彦……アニメーション監督。代表作は『少女革命ウテナ』『輪るピングドラム』など。

※3　サバゲー……サバイバルゲーム。エアソフトガンとBB弾を用いてお互いに撃ち合う競技。軍隊の地上戦を模したゲームであるため、それなりの運動になる。

女子ウケする会話のヒント

ナンパ師から学べることもある

女性に好きなタイプを聞くと「面白い人が好き」とよく答えられます。女性が男性へ求める要素にはほかにも「誠実さ」「謙虚さ」などがありますが、これらふたつはあったら嬉しいというより、なかったら付き合いたくない要素なので加点要素にはなりません。浮気性で上から目線の男性と付き合いたい女性が少ないのは当然です。

それと比べて「これがあったら嬉しい」と女性が加点する要素のトップは「面白さ」です。しかし、この「面白さ」とは厄介なもの。笑いのツボは人によって違うため、なかなか誰にでも受ける話題はないのです。

そこで、女性向けのトークで常に訓練を積むナンパ師を訪ねました。ナンパ師は初対面の女の子を笑わせて連絡先をゲットするのが短期目的です。つまり誰にでも受ける笑いのプロ。女性から恨みを買うナンパ師も多いので闇雲に学ぶとえらい目に遭いますが、出会って5分のアプローチから学べる部分も多いでしょう。その結果、誰にでもウケると判明

したのが「適度な自虐」というテクニックでした。

「その自虐、本気じゃないでしょ!?」と思わせたら勝ち

論より証拠、ここに会話例を記します。こちらは実際にナンパ師の男性が女性から連絡先をゲットした際の会話です。

男性：ごめん、ここから東京駅ってどうやって行くんだっけ？
女性：ここ、東京駅構内だけど……。
男性：えっ、マジで？　俺ってもしかして方向音痴？
女性：（笑）
男性：あ、今ちょっと笑ってるし。ひどいな、これでも俺、東京200㎞圏内に住んでるよ!?
女性：200㎞って静岡まで入るし!!（笑）

わざわざ現在地への道のりを聞き、「俺ってもしかして方向音痴かな？」と自虐する。

これくらいの軽い自虐なら卑屈にも見えませんし、むしろ「何言ってんだ感」を醸成できます。

なお、ナンパ師はこれを通りすがりの女性にぶっこむ鋼のメンタルを持っていますが、普通の男性は友達やバーの常連さん同士など「ネタを受け止める準備ができている女性」へ試すくらいにしましょう。無視で済めばいいものの、東京都だと最悪、迷惑防止条例に引っかかります。

もう一例見てみましょう。

男性：○○さん美人じゃん？　だから俺で妥協しない？

女性：なんで！　妥協しないし（笑）

男性：ひどくない？　今マジメに俺を「妥協」の対象として見たでしょ！　これでも俺、平安時代のイケメンってよく言われるよ？

女性：現代じゃないじゃん！

だんだん流れが見えてきたかと思います。最初に軽い自虐を入れて、その後ツッコミを待つ。ツッコミが来たらさらにボケる。2段階でボケれば笑いが続くのでスムーズに話が始まる……というわけです。これを最初に思いついた人、すごい。

卑屈になりすぎないよう気を付けて

実はナンパ師でもその場でポンポンと話を思いつく人は少数派。多くはテンプレートを用意してから挑んでいます。誰しも努力の末に「面白い人」を演出しているわけです。感心した人はこんな風に2段階でツッコませる話題を考えてみましょう。最初に盛り上がりさえすれば「で、今日は何しに飲みに来てるの？」といった身近な質問を振っていくことで自然と仲良くなれます。

ここで気を付けたいのが、必要以上に卑屈にならないこと。

「恋愛において少しでも卑屈になったり自分の価値を下げる笑いのとり方をしてしまうと、女は必ずお前に恋をしない」と水野敬也著『「美女と野獣」の野獣になる方法』（文春文庫）にもありますが、自虐はツッコミを生むための道具に過ぎません。

「どうせ俺なんか派遣社員だし、今も実家住まいだし……」なんて、聞いたほうが慰めな

くてはならなくなるような自虐は厳禁です。

このツッコミを誘発する話術においては、Twitter アカウントの「説教おじさん」※1という天才がいらっしゃるのでぜひ検索してご覧ください。

ディスってもほとんどの女性はときめかない

また、ナンパで広く知れ渡っている「ネグ」という技術は使わないよう注意してください。ネグとは、相手をけなして注意を引くこと。たとえば美人へ向かって「お前、顔に女優の肌を移植しただろ」と冗談を交えたディスりで仲良くしようとする話術です。

ネグで心ときめく女性は自尊心が低い方に限られるので、たいていは「ハァ？」とあからさまに嫌われます。最悪、「あの男、初対面でムカつくこと言ってきたんだけど」とLINEグループに晒されるくらいなら、自虐したほうが気持ちいいはず。

ツッコミを誘発できる自虐を20パターンも考えられれば、あなたもすぐに「面白い人」の仲間入りです。

※1　説教おじさん……アルファツイッタラー（多くのフォロワーを持ち、その発言が大きな影響力を持っているユーザー）。@partyhike

筋肉自慢はNG

筋肉は女性ではなく男性にモテる

高級時計やクルマに始まり、ナンパ術から包茎手術。「これさえあればモテる」と無垢な非モテに信じさせる商品が生まれては、せっせと日本経済を回しています。くやしいのう、くやしいのう。

その中でも**「これさえあればモテる」と広く信じられているブツの筆頭が筋肉です。**マッチョになれば花粉に惹きつけられた虫のように女が寄ってくる。体力が付くから出世もできる。ストレス発散にメタボ解消。なんにでも効く気がしてくる筋トレ教の摩訶不思議がここにはあります。

しかし女性の9割9分はマッチョ好きではありません。好みの体型は「痩せ型派」か「細マッチョ」に大きく分かれ、そのほかにも「ぽっちゃり」「身長だけこだわる派」まで広く分散しています。

貧乳や巨尻好きの男性がいるように、女性だって身体の好みはさまざま。筋トレをした

からといってモテ菌をばらまくパンデミック野郎にはなれないのです。それなのになぜ、筋トレはモテると信じたくなるのか。それは**筋肉が男性にモテるから**です。

ボディビルダーのような極端なマッチョでない限り、筋肉がついた男性はホモソーシャルでモテまくります。「触ってみろよ」「すげー！」なんて光景もよく見かけますし、それによって自信を得た男性が異性にモテることもあります。女性は自信のありそうな男性に惹かれるので「俺はモテるから選べる立場だぞ」と思っている人に惹かれやすい。

けれど、そこでモテているのがあなたの自信ではなく筋肉だと勘違いすると、大変な目に遭います。

無理やり触らせるのは筋肉ハラスメント？

女性のほとんどは筋トレに関心がありません。筋肉がついた結果として自信を持っているあなたを素敵だとは思います。しかし、その製造過程はどうでもいい。

あなたが「このピアスは材質が○○で普通とは違ってね」とか「限定コスメが百貨店でしか売ってなくて、その店員さんが言うには～」なんてトークをどうでもいいと感じるのと同じです。男女どちらも**異性が美しくなる過程って、どうでもいいんです。**

ですからうっかり「プロテインにこだわりがあってさ」などと語り出そうものなら彼女の心はシャットダウン。つまらない人認定を受けかねません。ましてや**「俺の筋肉、触ってみる？」と質問しようものならボディタッチを要求しているのと同じ。**会社の後輩に言おうものならセクハラ扱いを受ける可能性、結構あります。

かくいう私も今まで「俺の筋肉すごくない？　触らない？」と嫌がっているのに無理やり触らせられたことが数回あります。いずれも学校の先輩や会社の上役で断れませんでした。それがショックで現在は筋肉質の男性とは付き合えず、Twitter で筋肉をアップする男性はミュートで非表示に。恨むならハラスメントした人を恨んでください……。

異性に需要があるのは「私のおっぱい、すごくない？」だけ

男性の筋肉に匹敵する肉体美を女性で語るなら「私のおっぱい、すごくない？」になるかと思います。あれ？　男性は女性から「おっぱい触らない？」って言われたら嬉しくないか？　と思ったでしょう。しかし女性社会でこんなことを言う野暮はいません。

筋肉は努力で増えますが、おっぱいで見違える差を作ろうと思ったら100万円[※1]ほどかけて整形せねばなりません。**努力でどうにもならないことを自慢すれば女子会、いや女子**

界の平和が崩れますから、おっぱいは自慢できないのです。では努力で痩せるダイエットは？　これも生来の体質的にふくよかな女性や、薬の副作用で苦しむ女性がいるからNGです。

従って女性の自慢するコンテンツはおっぱいより化粧やエステ、ひいては努力してゲットした彼氏の話題へ傾きます。化粧自慢、エステ自慢は聞かされても嬉しくないはず。女性にとって、男性の筋肉自慢はこれくらい退屈です。

だからこそ、「異性の努力した美容自慢」を聞くと効く

ところが、**異性が美しくなろうと努力する過程を聞き出せる人は異様にモテます**。たとえば筋肉自慢を「すごいすごい！」と褒めてくれる女性は男性からモテるはず。男女ひっくり返して、美容への努力を理解するだけでモテまくります。なにせ普段は女性同士にしか理解されない努力の結晶を、あなたとは共有できるのですから。化粧品を売っている男性美容部員はプライベートでたいそうモテるそうですが、それは普通の男性が退屈するような女性の美容に対する努力を理解できるからでしょう。

高価なブランド品や筋肉自慢をするよりも「そのピアスめちゃくちゃかわいいね。どこ

で見つけたの?」「髪型いいじゃん。どうやってサロン選んでるの?」と日頃から女性へ聞きましょう。早ければ明日からモテ期を実感できるはず。さっそく、女友達にお試しください。

※1　１００万円……豊胸手術の値段は高須クリニックの料金表を参照（２０１８年2月現在）。「努力」で片付けるにはなかなかお高い。

デートを申し込む前提条件

「怖くなくて、気が合う」だけでも成立する

いきなり告白して付き合おうとする甘酸っぱい恋愛は高校生で卒業し、**気になる女性と付き合うまでにはまずデートを挟むのが20代。**会話やしぐさでお互いに相性を吟味して、これなら行けると好感度を上げ切ったところで「ところでもう付き合ってもいいよね？」と確認もかねて告白するのが王道です。

ところが女性は「よければ今度ご飯を食べに行かない？」と突然言われても8割以上の相手をお断りするので、そもそもデートにこぎつけるのが大変です。女性が上から目線で男を斬りまくっているのではなく「いきなり暴力を振るってきたりしないか」「怖い人じゃないか」といった安全面での警戒心も強いからです。

そんな初対面で暴力を振るう男なんているわけない！　と思われるかもしれませんが、実際に初回のデートで殴られたことがある身としては「怖い経験はある」と声を大にして申し上げます。物理的な暴力はさすがにレアケースにせよ、いきなり胸を触られた、あと

からＬＩＮＥで食事のマナーや言葉遣いなど「減点ポイント」を羅列された……など、セクハラや言葉の暴力まで含めると枚挙に暇がありません。

さらにここから、男性と同じく好みで補正が入ります。男性でも「女性からデートに誘われたら無条件でついていく」なんて方は少ないはず。話が合いそう、休みの日が同じだからセッティングしやすいなどの条件が合ってはじめて「今度ご飯にでも行かない？」が発生するのです。

しかし「じゃあ、どうせ俺は断られる側だ」と自分を責めることはありません。ここまでのお話をひっくり返してみれば**「怖くなくて、気が合いそう」とさえ思ってもらえるなら、普通にデートできちゃうわけです。**

「怖くないけど、君に興味がある」は難しい

ではなぜ、男性は「怖い」判定を食らってしまうのでしょうか？　実際に怖いと感じた経験を女性から聞くと、こんな証言があがってきました。

・合コンで隣に座った男性に太ももを触られてゾワっとした

・元カノにつきまとわれて困っている自慢をされて、自分も付き合ったら同じように飲み会でけなされるネタにされると思ったら怖くなった
・お酒を無理やり注いできたので身の危険を感じた
・自分の意見を無視して「いいじゃん、ご飯行こうよ」とグイグイ来た

などなど……押しつけがましい言動が目立ちます。とか言いながら、女性は少女漫画のようにリードしてくれる男性が好き、というダブルスタンダードを持っているのでややこしい。少女漫画でモテるのは「それってモラハラじゃない？」[※1]と女性の私でもハラハラするくらい強引に口説いてくる男性です。

強引に迫られるのが好きな女性も一定数いるでしょうが、ほとんどの**女性が少女漫画でグイグイ来る男性に惹かれるのは「自分に危害を加えてこない」という前提があるから**でしょう。少女漫画のキャラクターはいくらオラオラ系でも主人公をボコボコに殴ったり、デートのたびに人格否定してきたりはしません。

女性が少女漫画を読んで「安全だとわかりつつも恋愛のスリルを楽しみたい」気持ちは、ホラー映画やジェットコースターを楽しんでいるのと大差ないもの。しかし現実で男性がグイグイ迫ってしまうと「レールが千切れているかもしれないジェットコースター」にし

か見えないので恐怖を与え、断られてしまうのです。

自分を「親戚のおっさん」くらいに位置付ける

では、恐怖心を抱かせないまま好意を伝えるにはどうすればいいか。そのためには、まず自分を「特に好かれても嫌われてもいない親戚のおっさん」くらいのポジションで想像してみましょう。たとえば自分の甥っ子や姪っ子に「俺、釣りが趣味だから一緒に行こうよ！」とグイグイ押しつければ、ウザがられるのを想像できるでしょう。明らかに嫌そうなのに行こうとプッシュし続けるなら、親御さんを通じてお断りの連絡が来るはず。

と、甥っ子・姪っ子で想像すればわかることも、いざ女性相手となると「俺、釣りが趣味だから一緒に行こうよ！」とグイグイ押してしまい、怖がられて断られる男性は少なくありません。女性をデートに誘うときは、**脳内で「待てよ、もし俺が親戚のおっさんだったら……これで甥っ子や姪っ子に好かれるか？」と妄想してみましょう。**

たとえば特に好かれていない親戚のおっさんでも、「おお、もう○歳になったのか！ってことはそろそろ受験だな。俺も経験があるけど、あれはしんどいよな……何かしてほしいことがあったら遠慮なく相談しておいで」と言ってくれれば心強いですし、甥っ子や

姪っ子からも頼られるはず。

デートへのお誘いも同じです。相手の状況へ共感を示して「それなら俺も役に立てるかも」くらいのトーンで誘えば相手への好意も伝わりますし、押しつけがましくならないので恐怖心を抱かせることもありません。いつも**心に「親戚のおっさん」を忘れず携帯し、**あなたの恋を成就させてください。

※1　モラハラ……モラルハラスメント。目に見える暴力ではなく、言葉や態度による暴力や嫌がらせのこと。

初心者のためのデート攻略法

まずは緊張しないフィールドで

先にも触れたように、私には「チャラ男からナンパのテクニックを教わる」という悪趣味があります。彼らは基本的に数打ちゃ当たる戦法で女性を落としますから、口説いた数なら千、万を超えます。

ところが息を吸うように「髪がきれいだね」「それだけ美人だとむしろ大変じゃない？」と口説き文句を投げることのできる彼らでも、意外なことに本命の女性相手だと緊張するらしいのです。

緊張するとデートの成功確率は下がります。**「自分の意識」に集中しすぎて、相手とのコミュニケーションがおろそかになってしまうから**です。

「嫌われたらどうしよう」「何を話そう」とパニックに陥ってしまっている間は、相手の会話や声のトーン、細かなしぐさが視界に入りません。

ですから、遊び人の男性は本命相手でも緊張しないよう、自分をリラックスさせるコツ

を身につけています。

誰でもそうですが「ホーム」と「アウェイ」なら、見知らぬ「アウェイ」のほうが緊張します。女性とのデートコースは、男性同士で行く店と違ってアウェイなことも多いでしょう。デートの最大の敵である緊張を取っ払うためにも、まずは鉄板デートコースを妄想してお店をピックアップし、何度も通いましょう。

初心者男性によくある失敗は「遊んでそうな男性がデートコースで使っている店をそのままなぞる」ことです。遊び人の男性はその鉄板デートコースが「ホーム」と呼べるほど慣れたルートなので使いこなせますが、行ったこともない店へデートで挑めばガチガチに緊張します。**おひとり様で入店するにも緊張する店は、デートに不向きです。**誰かのデートコースを参考にするにせよ、実戦で使うのは通ってからにしましょう。

デートの誘いはランチかカフェタイムに

デートコースが完成したら女性を誘います。誘い文句は「最近気に入ったお店ができたんだけど、ひとりだといろいろ頼めなくて。よければ一緒に来てくれない？」がいちばん楽です。できればランチかカフェタイムに誘いましょう。いきなりの夜デートは警戒心を

誘います。

女性はかすかな下心を見せられても嫌がりませんが、危険には敏感な生き物です。この違いを履き違えて「夜遅くに誘う」「無理に飲ませる」「いきなり告白する」など危機感を与える行動を取れば、強い拒絶が待っています。

小さいマナーを押さえる

ここからは具体的に「自分は怖くない人間です。そして好意を持っています」と上手に下心を見せる行動をお伝えします。

・自分が相手より車道側を歩く
・デート中に飲み物を買うときは一緒に飲むか聞く
・相手をソファー席や上座に座らせる
・飲み物が空になったら次に何か欲しいか聞く
・食べ物を取り分ける
・相手と食べるタイミングや飲むタイミングをシンクロさせる

これらはデートに限らず、接待などで広く採用されている技術です。初デートと接待には「相手を気持ちよくさせる」という共通の目的があります。私は異性・同性関係なく、自分がご飯に誘った相手にはこういった行動を取ります。そうすることで**「相手のことを考えていますよ」というシグナルを出せる**からです。仕事でも役に立つと考え、何も考えずに動けるよう何度も友達相手に練習してみてください。

自己開示で話題を始める

話題の広げ方は、基本的には接待と同じです。最初に自己紹介や簡単な話題を振る「アイスブレイク」からスタートして、盛り上がり始めてから広げていきます。

まずアイスブレイクですが、**面白い雑談は諦めましょう。**爆笑できるようなトークは、上級者の技です。まずは「自分の好きなことや近況を5分だけ話す」よう心がけてください。デート初心者にとって自分の話はいちばんリラックスして振れる話題で気分が乗りやすいからです。何度も繰り返しますが、緊張は敵です。

デートマニュアルではよく「相手の話を聞け」と言われますが、いきなり質問攻めにす

ると「私ばかり話してる……」と罪悪感を抱かせます。そこであえて最初の5分だけは自分の話をすることで相手も気兼ねなく話せます。5分ほど経ったら「**……というわけなんだけど、○○さんはどんなのが好きですか？**」と相手の話を聞くモードに入りましょう。

あくまで自分の話は相手の話を誘う呼び水。延々話し続けたり、相手が不快に思うような自慢話やトラウマ話を振ったりするのは避けます。

接待でものっけから「**俺、年収が1000万円あるんです**」「**実は母親にネグレクトされて育ったんです**」なんて話題は振らないはず。マイブームや趣味、笑える仕事の失敗談など当たり障りない話題を選びましょう。

話題を広げる「3つのA」

相手が話し始めたら、今度は話題を広げます。具体的には「3つのA」がオススメです。

【会話を広げる3つのA】

女性の会話例「なんか最近仕事が帰り遅くって。佐藤さんって人が会計処理してくれないと私が決算できないのね。それが遅くって、夜10時まで待たされたりするんだよね」

Agree（アグリー）・・・同調する

例：「それはありえないわ！　俺でもそれされたら怒るわ！」

Adjust（アジャスト）・・・自分の言い方に直す

例：「そっか、職場の佐藤さんの仕事が遅くて、最近早く帰れないんだね……」

Ask（アスク）・・・より深く理解するため質問する

例：「佐藤さんって最近異動してきたとか？」

このようにAgree, Adjust, Ask ……日本語なら「同調、言い換え、質問」を繰り返すだけで延々話題を続けられます。ただしこういった話題で解決策を提案してはいけません。**取引先や上司が飲み会で言っている愚痴と一緒で、解決策は求められていないからです。**ここでも「初回のデートは接待と同じ」と割り切りましょう。接待はプレゼンではありませんから、ソリューションはいりません。

しつこいようですが、デートは接待です。初心者が話術を駆使しようとするより、リ

ラックスできる場を選んで自分の話題でアイスブレイクしましょう。

デートはどこに行けばよいのか

中高生の頃、デートに誘うとなれば1週間前から「どうしよう」と心臓バクバクさせながら震える手で「送信」を押したり押せなくて諦めたりしたものです。当時は思ってなかったよね。**まさかアラサーからの初デートのほうが、ハードル高くなるなんてね……。**

アラサーになると、デートへ誘う相手も若くて25歳前後になるかと思います。さて、そのとき相手が同じく初デートでなければどうなるか。**酸いも甘いも知り尽くした女性を変なデートへ誘ったら次がないんじゃないか。**そもそもデートってどこ行けばよいのでしょうか？

まずは、先人たちの屍を掘り起こして「失敗するデート」の条件を洗い出しましょう。失敗する**デートはたいてい、カップルの片方だけが夢中になっています。**相手に……ならまだいいのですが、デートで選んだアクティビティにです。

女性の体験談をいくつかピックアップしましたので、**ヒーリングミュージックでもかけながら祈りの心でご覧ください。**

・彼が格ゲー好きなので、ゲームセンターへ行こうと連れて行かれました。そのまま2時間、彼はゲームしっぱなし。**座る場所もないので私はずっと立たされて**。プレイ画面を見たけど何してるかさっぱりわからないし、話の広げようもない。2度目のデートはなかったですね。え、私ですか？　ゲームしたことないです。（20代女性）

・映画館へ行ったんですけど、彼が観たい映画があるっていうのでアクション系で。それは全然かまわないです。いつもと違う映画を観れるのって面白いし。ただ、映画を観終わったあとに彼が「この俳優は別の○○にも出てて」「スピンオフが20××年に出たけど評論家からは辛酸なコメントが……」と一方的に語り始めて、**私はもうちょっと「アメリカ滅亡って定番だけど毎回ハラハラしちゃうよね～」みたいな話がしたかったんですよ**……。（30代女性）

このように**男性が一方的にコンテンツへとドハマりするとデートは絶対に失敗します**。保証します。もちろんその逆もしかりで、あなたが無理して池袋の乙女ロード[※1]でボーイズラブ同人誌を買いあさる彼女に付き合う必要もなければ、ジャニーズのコンサートへ同伴

しなければならないこともありません。

あなたが大好きなコンテンツを選ぶのは付き合い始めてしばらく経ち、「あなたの趣味も知りたいな」と女性が思っている時期ならいいですが、そうでなければ最低評価を食らうでしょう。

デートにはいくつか「定番の失敗コース」がある

では、どういうデートだと片方が夢中になる悪夢が起きやすいか。ここに定番の失敗例をリストアップしてみました。ただし、2人とも同じ趣味を持っている場合は別です。あくまで相手がそのデートコースを好きかわからないのに連れて行く場合を想定してください。

【男性だけが夢中になってしまいやすいデートコース】

- ワインテイスティング
- 電気街めぐり
- 映画鑑賞

・サーフィン

【女性だけが夢中になってしまいやすいデートコース】

・レディースのみのショッピング
・宝塚
・ジャニーズ系のイベント
・ディズニーランド

これらを絶対に避けろ！　というわけではありませんが、もともとあなたの趣味で行くなら**「相手はそこまで興味ない」という絶望的な前提**を理解してから誘いましょう。

アラサー初デートには「協働体験」がオススメ

では、どういうことをしてみるとアラサー世代の初デートをうまく次へ繋げられるでしょうか。ポイントは「協働体験」です。

たとえば、あなたはこれらの体験をしたことがありますか？

・オクトーバーフェスト[※2]
・夜の水族館
・パラグライダー
・一日陶芸体験

こういう体験は積極的に動かないと意外とできないものです。ぜひこういった体験をデートで経験しましょう。2人とも初心者ならどちらかが「先生役」として上から目線になることも防げますし、失敗を笑ってフォローできます。

誘いやすいけれど、事前に気を付けたい2点

私も過去を振り返って、いちばん記憶に残ったデートは「ダイアログ・イン・ザ・ダーク」という、完全な暗闇で杖を頼りに歩いたり話したりする体験でした。最初は心細かったのに早く歩けるようになったり、赤ワインと白ワインの差もわからなくなったり。**楽しかった体験を通じて「彼といると楽しい」と刷り込まれた**気もします。

ただし、デートへ誘う前に以下の要所は押さえましょう。

①NG項目のチェック

高所恐怖症の女性をパラグライダーに誘っても絶対に喜んでくれません。お酒が苦手な女性はオクトーバーフェストで完全なアウェイです。このように誘うだけで自爆する項目がないかは事前にチェックしましょう。

②美味しいレストランを近場で押さえる

体験で仮に失敗したとしても、美味しいご飯があれば帳消しとなります。あまり遠くないエリアで美味しいお店を予約しましょう。高い店にする必要はありません。ただし、トイレが汚い、ニオイがつく食事の店のみ除外しましょう。

誠意は投資額ではなく、相手への配慮

女性の大多数は一般男性より体力がありません。そして誠実でない男性が暴力を振るっ

たり「こんなに尽くしたんだから身体くらいよこせ」と襲い掛かってきたりする事例をごまんと聞いています。だから自衛のために、付き合う前からの過剰投資を避けるのです。

誠意は相手へ投資した金額や、予約困難店へ鬼電かけまくった時間では決まりません。相手が欲しいものを考えて、それを与える配慮で決まるのです。フレンチが苦手な子だとわかっているのに一流メゾンを予約しても「あなたって最低」と思われるでしょう。

逆にモテる男性は「君のことを考えてこの結論にしたよ」という振る舞いが得意です。

「夜勤明けで疲れてるだろうし日帰り温泉行こうよ」

「おお、頑張ってたプロジェクト終わったの？　ビアガーデンでぱーっと飲もう！」

「お酒苦手って言ってたよね。ノンアルが異様に充実してるイタリアン行かない？」

こういう**自分向けにカスタマイズされたサービスに女性は弱い**のです。

※1　乙女ロード……池袋にあるサンシャイン60の西側の通りの通称。女性を対象にしたアニメグッズや同人誌などを扱う店舗が密集しており、「腐女子の聖地」と言われる。

※2　オクトーバーフェスト……ドイツ発祥のお祭り。日本でも毎年開催され、さまざまな種類のドイツビールを楽しめるイベントとして大いに賑わっている。

デート後に振られる男子のよくある失敗例

先に知っておくことで安心

これまで、「彼女ができた！」と歓喜する男性が「3か月で振られた……」と人生の絶頂と谷間を行き来するのを何度慰めてきたことでしょう。デート後に交際がスタートするも、デート時の失敗がもとで、しばらく経ってから別れを切り出されるケースは少なくありません。

彼女と付き合うのは新しいRPGゲームを始めるのと同じ。ゲームシステムもわからないまま始めれば失敗するのは当たり前です。

「でも、失敗したくない！」

という気持ちに答えるため、今回は人生の先輩から「気になる相手へやって振られたこと」を聞き出しました。あらかじめポイントを知っておけば恋愛も恐れるに足らず！

失敗例① 自分だけのディープな趣味の場所へ連れて行った

「初対面なんで、フォーマルな場所をと思って法学の勉強会へ連れて行ったんです。彼女は横で寝ちゃってて……。そのあと『もっと勉強したら勉強会が楽しくなるよ』って言ったらバカにしてると思われたみたいで、そこから連絡取れなくなっちゃって」

そりゃそうだ！ と思われるかもしれませんが、同類のミスを山ほど耳にします。「ゲーセンで格ゲーの対戦を見せ続けたら彼女の姿が消えてた」「レコード屋でいいレコードを2時間探してたらキレられた」などなど……同じ趣味の相手でもない限り、デートは2人とも楽しめる場所にしましょう。そして、趣味を理解しない相手へ強制するのはなおのこと止めましょう。

失敗例② 自分の体力だけ考えて歩き回った

一般的に女性のほうが男性より体力が低く、2時間歩いたらカフェで1時間の休憩が必要。これが嫌ならアウトドア系の強靭な女性と付き合うべし。**休憩のためのよさげなカフェをあらかじめ押さえておける男性は信じられないくらいモテます。**

失敗例③　彼女の好みを真っ向から否定した

たとえ気になる彼女の趣味があなたと同じだとしても、同じ流派とは限りません。

「俺と同じ漫画が好きって言ってくれて盛り上がってたのに、実はBL（ボーイズラブ）好きとわかって。俺の知ってるキャラでカップル作られるのキモいんだけど？　って笑いながら話したら振られました」

「相手と好みが合わなったら、その話題に触れるのを止める」のが恋愛初期の最適解です。どうしても趣味の方向性が合わないなら、付き合ってからまじめに話し合ったほうが建設的です。

失敗例④　デートの筋道をすべて彼女に決めてもらった

「いつも『○○君って本当に私のこと好きなの？』って振られる」と話していた知人男性からの相談。詳しくデートの様子を聞いてみると、行き先からご飯のメニューまで全部彼女任せで「なんでもいいよ」を連発していたことが発覚しました。

好きな相手にはお金だけじゃなく労力も払いましょう。ひとまず悪くないなと思える

デート先を選んで「こうしたいんだけどどう思う？」とLINEを送るだけでも十分です。

失敗例⑤　気付けば自分が9割しゃべっていた

自覚するのが難しいミスです。ほとんどの人類は「誰かの話を聞くより自分の話をしているほうが楽しいと思う」生き物。**デートは相手に話をさせたら勝ち判定が出るゲーム**のようなものです。相手の話を意図的に引き出しましょう。本書をさかのぼって103ページに、自分が話しすぎていないかのチェックリストもあります。ビジネス書『超一流の雑談力』（安田正著、文響社）はデートでも役立ちます。あなたがたとえ中学生でも初デートの前にはビジネスの話し方書を読むべし。

失敗例⑥　「これだから女は」発言をしてしまった

「婚活してる女性が『年収600万ないと無理』みたいな発言してるコラムがあったんです。それを2人で見てたんですけど、『これだから女はバカだよな〜』ってうっかり言っちゃって、**半年後くらいに振られたんですけど、あのときの発言が許せなかったって言わ**

れて」

「これだから男は」「これだから女は」とつい思ってしまうタイミングがあることは否定できません。しかしその発言をするとき、目の前の彼や彼女も「これだから」の対象としてバカにしていることをお忘れなく……代償はあまりにも高い。

また、女性は怒りを抱いてもその場では何も言わず、忘れた頃に「あのときの発言が」と引っ張り出してくることが多いものです。**時すでに遅しとなる前に、お互い話し合いの時間を持つと別れを予防できる**でしょう。

失敗例⑦　店員へクレームの出し方が威圧的

「イタリアンで、メインが出てきたときに前菜のソーセージが出てこなかったんですね。それで『まだ出てきてないんだけど!?』って若い店員に怒ったのがいけなかったらしくて。それからＬＩＮＥブロックされました」

「店員に失礼な態度を取るな」とは耳にタコほど恋愛指南書に書かれていることですが、いったい何が失礼に見えるのか、女性から話を聞くと……。

・店員にタメ口で話す
・怒りの感情を見せる
・お詫びに飯代タダにしろなどケチをつける
・店員が去ったあともグチグチ言い続ける

などが「感じ悪い」と思わせるようです。まあ、男女逆転させてもデートの場でこんなことをされたらしんどいですよね。クレームは穏やかに**「申し訳ないんですが、実は〇〇がまだ来てないみたいでして」**と伝えられるとむしろ好感度が上がるので、柔和な態度で恋愛成就へ繋げましょう。

このヒアリングを実施した際、私は「げっ、失敗するデートって7つも項目あるんかい」と怖じ気づきました。しかしふたを開ければどれも「人として相手へできる気遣い」の範囲におさまることがわかります。

彼女・彼氏がほしい人だけでなく、**学校で友達に好かれたい、社会人として上司や同僚とうまくやりたいなら、すべて気を付ける価値はある**んじゃないでしょうか。

「クソリプおじさん」になる原因と回避法

SNSで「ウザ絡み」してしまっていませんか？

Twitter で見知らぬ相手から、返事をする気が失せるどころか罵倒すらしたくなる返信を貰ったことはないでしょうか。これを「クソリプ」と呼びます。ネットスラングの一種です。

そんな私も Twitter でクソリプを人から貰った数なら負けません。**全然嬉しくないけれど、これまでに貰ったクソリプを自分なりに分類してみました**（表1）。

こうしてクソリプを種類別に並べると「この世には悪意しかない、もう誰も信じられない」と頭を抱えたくなりますが、事実はそうでもありません。ネットには現実社会と比べて無責任な発言をする大人もいますが、悪意に対しては名誉棄損で訴える奥義もあるのでむしろ対応しやすい。それよりも**怖いのは善意や好意でクソリプを投げてくる人間……通称「クソリプおじさん」です。**

もともとは、つまらないツイート＝クソリプを男性に送り付けられていたグラビアアイ

表1　クソリプ分類表

トイアンナ @10anj10

蜂蜜が乳児ボツリヌス症に繋がることが当たり前のように語られているけど、みんなどこで知ってるんだろう？　私は『[※1]喧嘩商売』で出てくる毒物「屍」の作り方で知りました。

悪意ある返信者

発言者への反感からリプライを飛ばしているか、発言者をまともに相手するつもりがない返事。意図が分かりやすいため対処も楽。

不謹慎審判	「尊い命が失われた事件なのに不謹慎ですよ」
知識マウント	「母子手帳に載ってることも知らないんですか?」
罵倒ラー	「は??こいつバカなの??」
憂国者	「この程度の知識もないなんて最近の日本人は」
論点ずらし	「木多康昭信者乙」
日本語でおk	「ヌスヌス、ちょざいも!」

クソリプおじさん、およびその予備軍

本人に悪気はない、むしろ好意からコメントをしているにもかかわらず嫌悪感を抱かれてしまう。双方が得をしない関係。

[※2]すべてがHになる	「ボツリヌスって響きエロすぎw」
近況の語り部	「蜂の巣を駆除する時期ですね。我が家では～」
検証マニア	「厳密には野菜の表面などにも付着している可能性が」
常識濫用者	「それって常識だよね(^^;」
校閲オタク	「ボツリヌス症が登場するのは『喧嘩稼業』です」
勝手に失望君	「こんなことトイアンナさんが言うなんて失望したわ」

ドルが、そんな男性たちを総称して「おじさん」と名付けたものと思われます。

クソリプおじさんの誕生シーン

もし暇があったら、あなたにも試していただきたい実験です。まず Twitter アカウントを作成し、女性の顔写真をアイコンに設定して何気ない日常をツイートしてみましょう。女子っぽいツイートを心がける必要はありません。「二郎全マシ」「プリキュアがんばれ」でもまったく問題ナシ。ところがツイートをしてしばらく経つと、知らない人からこんなリプライが届きます。

「二郎全マシってすごいね(^^; 僕はこのあいだ二郎に行ったけど、小でお腹いっぱいだったよ」

？？？？？　いきなりタメ口で話しかけてきた男性に、あなたは「誰だコイツ」と思うでしょう。とはいえ知らない人を無視するのも悪いので「はじめまして。そうなんですね。全マシはめったにできないですし、小でも堪能できれば立派なジロリアンだと思いますよ！」と返信します。

そこからはあなたがリプライを返そうが無視しようが、彼の近況報告がリプライ欄に毎

回届きます。

「こんにちは、今日はどこに行ったの？　またラーメン屋かな(*゜▽゜*)（写真付き）僕は会社が繁忙期で夜遅くまで残っちゃったからコンビニ弁当です」「今日は暖かいね〜。僕は今日、外回りの営業なんで暑いよ(^^;)」

「うっぜーーー」と感じたあなたは、いつしか彼を無視するようになります。こうしてまたひとり、「クソリプおじさん」が誕生しました……。

クソリプおじさんの特徴とは？

しかし、私たち自身もまたクソリプおじさんではないと言い切れるでしょうか。クソリプおじさんを覗く者もまた、クソリプおじさんに覗かれているのです。恋愛や結婚のスタイルは多様化していますから、Twitterが出会いの場になることも珍しくありません。まずはクソリプおじさんの発言パターンを把握し、回避せねばならないでしょう。

勇気を出して、とある裏垢[※3]で表の『常識濫用者』に該当するクソリプをしていた友人に「それってきっとクソリプだと思われてると思うけど……」と伝えてみました。

トイアンナ：「それって常識だよね(^^;)」みたいなこと言われたら、女性は、ていうか受け取った人はたいていムカムカすると思うよ。

友人：はぁっ!? でも女の子は「教えてくださりありがとうございます(*´▽`*)」って返信してくれたりするよ!?

トイアンナ：それって怒ると逆上されて面倒だとか、そこから炎上しちゃうのが怖いなんて理由があると思うよ。友人さんがリプライを送っている人、みんなフォロワー3000人とかでしょ?

友人：ええっ、でも**女の子って知らないことを教わるのが好きとか、知的な男性がいいって言うじゃん。**だから俺が知ってることがあったら、教えてあげなきゃって思ってたんだけど。なんだよ、嘘かよ……!

トイアンナ：知性のある人って質問したときわかりやすく教えてくれる人のことで、聞いてもないのに説教垂れる人じゃないから! 「教えてくださってありがとうございます」ってリプライの後は秒でブロックされてるよ!

「相手がコミュニケーションを求めたタイミング」で連絡する

同じ轍を踏まないためにはどうすればいいか。答えは**「相手がコミュニケーションを求めるタイミングまで話しかけない」**ことです。どんなアカウントでも「○○について知りませんか?」と広く答えを求めたり「こんなときどうすればいいんだろ」と悩んだりする時期があります。

そんなとき「はじめまして、もしよろしければ○○は候補にいかがですか?」と丁寧にコンタクトされれば、誰でも嬉しく思います。そして何より「いい人」という第一印象を残せます。最初は相手に合わせて対話し、少しずつ自分の趣味も知ってもらう。現実と同じように掛け合いを意識して連絡することを心がけたい……と、初恋の相手に「連絡がウザい」と振られた身として反省を込めて筆をおきたいと思います。

※1　喧嘩商売……木多康昭による漫画作品。続編は『喧嘩稼業』。「屍」は本作に登場する古武道・梶原柳剛流に代々伝わる毒。
※2　すべてがHになる……推理小説の名作『すべてがFになる』を執筆された森博嗣先生へ心よりお

詫び申し上げます。

※3　裏垢……裏アカウント。本来のアカウントとは別に持つアカウントのことで、表には出せないようなことなどをこっそり書き込むために運用される。

４章

深いお付き合いをする

「愛」だけでは末永く幸せになれない

この章では、恋人と親密になってからも愛情を育て、幸せになるためのガイドをご案内します。私が失敗から学んだこともあれば、８００名前後の恋愛相談から蓄積された「これが愛の伝え方だ」というセオリーもございます。実際に女性と付き合っていくにあたり、女心を掴むヒントをお伝えしますが、隅から隅までマネしてください、とは申し上げません。使えそうな技術があれば、それをそっと拾い上げてあなたのものにしてください。

また、ここには新しい恋を始める際に参考となる事柄も含まれています。私はロマンチストです。「愛さえあれば」という言葉を信じたい。けれどそうはいかないのが現実。愛があっても、別れるときは別れます。そこに足りないのは「思いやり」「尊敬」といったお気持ちかもしれません。

しかし、それ以上に「思いやりがある風に見せる技術」「尊敬していることを伝えるコミュニケーション術」は無視できません。どんなに相手のことを思っていても、伝わらなければ存在しないのと同じだからです。

私自身、愛情を伝えるのが得意なほうではありません。「本当に俺のこと好き？」と不安にさせてしまったこともありますし、「私は死ぬほど愛していたのに、相手にとっては

負担でしかなかった」失敗もしました。

本当に愛しているかどうか、という気持ちと同じくらいに「その気持ちが伝わっているかどうか」は重要です。愛の量は変わらなくとも、訓練次第でその伝え方を身に着けることができます。

付き合い方の技術を身につけ、実践することで、さらに女性心理の理解が深まるでしょう。実体験こそ、あなたの恋愛経験をより深めるいちばんの近道です。

実らない恋の見極め方

隊長、その恋愛は息してません！

まれにではありますが「片思い中の人」と「その相手」の両方から相談をいただくことがあります。片思いされているほうから相談が来るということは、その思いはバレており、しかもどちらかと言えばあまり快く思っていないからご相談案件になっているわけです。ですので、毎回「ごめん、役に立てなかった……」と心の中で合掌しています。

ところがこの「双方から相談」をいただく事例で、男女に大きな差が見られます。片思いをしている女性は「きっと相手にも思いはバレてます。それで彼が最近よそよそしくなって……。どうしたら挽回できますか!?」と状況を冷静に把握しているのに対して、男性が片思いをしているときは**「あと一歩っていうところでうまくかわされちゃうんですが、どうすればいいですか？」と状況を勘違いしてしまっている率が高い**のです。

あと一歩だと思っている男性へ「彼女側から迷惑だって相談を受けてるから、とは言えないけど、どう伝えようかな……」と内心焦りつつ「ごめん、その恋愛は諦めて」と宣告

せざるをえず、本当に申し訳ない気持ちでいっぱいになります。

いったいなぜこんな悲劇が起きるのか。その原因は女性のコミュニケーション能力不足も一因です。

女性は「YES／NO」をハッキリさせない

女性は片思いに気付いたとき、全員脳内チップでも埋め込まれてるのかってくらいに、こっちが告白するまで「ＹＥＳかＮＯか」を濁します。その理由は3つ。

①友達関係まで壊したくない

女性が男性に対して「友達としては嬉しいけど、恋愛対象にはならない」と思っていたとしましょう。あなたが明らかにデートへと誘ってきたときも、友達としてならぜひ！と思っています。彼女にとっていちばんイヤなのは、恋愛関係へＮＯを突き付けて友人としてのあなたまで失ってしまうこと。いくら「これからも友達でいようね」なんて言っても、今までと異なる関係になってしまったり、ギクシャクしたりするのは避けられません。だから「あと一歩」で拒絶するのです。

②片思いされていること自体が快感

誰でも「片思いされている」ことは嬉しいものです。あなたも誰かに片思いされてたら「モテ期来た？」とワクワクするのは同じはず。とはいえ女性はあなたと付き合うつもりがないので、ＮＯをいつか突き付けねばなりません。ならせめて、悪女だとみなされるかもしれないけれど、片思い期を味わいたい。そんな気持ちから明確な結論を先延ばしにしています。

③明確なＮＯはあとが怖い

「付き合うことはない」と直接伝えたとき、素直に引き下がれる男性ばかりではありません。中にはあることないこと噂を広める、ＳＮＳへ悪口を書く、暴力を振るう人もいます。

男女問わず振られた相手を逆恨みする人間はいますが、直接的な暴力に対する恐怖は女性のほうが抱きやすい。となれば、付き合えないにしても穏便に振りたい、なんとかして諦めてもらう形で済ませたいと考えます。特に恋愛経験が少ない女性ほど「彼を傷つけずに振りたい」と悩みます（恋愛経験が多い人は、そんなことは無理だと知っています）。

つまるところ、**あと一歩で女性にかわされて告白まで進めないときは、彼女がどう断る**

か模索している時期。恋愛関係になれる可能性はほぼゼロなのです……。

女性からのNOのサイン

付き合ってからは「もっとハッキリ何をしたいか言って。『察して』じゃわからない」と伝えることもできますが、片思いの相手じゃそうはいきません。私も一介のライターとして女性向けメディアで「男は超能力者じゃない。あなたの察してほしい気持ちは伝わらない」と書いていますが、**女性の多くはまだNOをハッキリ言えません。**

現実的に片思いの相手が、本当に「あと一歩」なのかそれとも可能性はゼロなのかを探知するには、こんなサインがあります。

・2人で会うとき、常にお昼の時間帯を指定される

夜デートでロマンティックなムードになるのを避けるためです。初回デートは警戒してランチタイムになるのは普通ですが、何度も外出してるのにずっとお昼に解散となってしまうときは「友達でいたい」というサインかもしれません。

・LINEの会話をいつも打ち切られる

ＬＩＮＥで話しかけるといつも軽やかな返事がくるのに「じゃあそろそろ○○だから」と相手からいつも打ち切られている……こんなときは女性がどうやって切り上げようか四苦八苦しています。よほどの筆不精でない限り、連絡を打ち切られ続けたら脈ナシです。

逆に「脈あり」も見逃さないで

と、非常にわかりづらい女性のＮＯサイン。ですが逆に「実は脈アリ」な希望も書いておきます。「デートにこちらから誘わないと来てくれないから好かれてない？」と尻込みしている紳士のみなさま、きっとその女性は大丈夫です。

女性の中にはいまだに**「デートは男性から誘うもの」と思い込んでいる方が多くいるので、あなたの誘いを延々待っているだけかもしれません。**上記の脈ナシサインが出るまでは、希望を捨てずにあと一歩を踏み出してください。

プレゼントの贈り方

女性は貢がれすぎると恐怖を感じる

この世には悪女がいます。あなたにプレゼントを貢がせておきながら、本命彼氏とせせら笑うような女です。海外旅行やブランド物を貢がせておいて、土壇場で「やっぱり○○君じゃ無理」と年収やスペックで別の男を取る女は、実在します。

女性のひとりとしてそういう人がいることを大変申し訳なく思いますし、男性から切実なご相談をいただくたび、「その女が寝ている間にハエが口に入る呪い」を飛ばしています。効き目はありませんが気持ちだけでも私からハエを飛ばしてほしい方はご相談あれ。

しかし、今回はそんな悪い性根の女性たちにまつわるお話ではありません。相手が悪女でないにもかかわらず「尽くしたし、貢いだのにあっけなく振られる」ことはあります。しかも、結構あります。残酷ですが、あなたがそうして振られた理由は「貢ぎすぎた」からです。

なぜ嬉しいはずの貢ぎ物をしすぎてはいけないのでしょうか？　「貢ぐ」と言っても、

どれくらい貢ぐかは人それぞれ。私が今までに聞いたいちばん大きな貢ぎ物はマンションでした。**「女と付き合う前からマンションを貢げる男」**って、**すんごいパワーワード**ですな。そして案の定、彼は振られています……。

マンションを貢いだのに振られたのは「怖くなった」からです。単純に考えて、あなたがいきなり他人から不動産を貰ったらどう思いますか？　見返りに何か要求されるんじゃないか、詐欺を持ち掛けられているんじゃないか……と、怖くなるはずです。

女性はこの「怖くなる」センサーの感度が男性より敏感に設定されています。身体的に弱いこともあって、**「こんなに貢いだんだからやらせろ」と力ずくで迫られると怖い**からです。警戒心が強い女性はご飯のおごりも受け付けないことがあります。

ですから大量の高価なプレゼントは、恋愛感情の有無より先に「この人危ないかもしれないから逃げよう！」と思わせてしまうのです。男性は**「出会ってすぐの女性がいきなり家へ押しかけて家事全般やってくれて、愛妻弁当まで作られたらどう思うか」**で想像してみてください。たとえ美少女だとしてもちょっとウラを感じて怖くないですか。そういうことです。

貢ぎ方が独りよがりでも「怖い」

もうひとつのパターンは、貢ぎ方が独りよがりなケース。私も経験したことがありますが、男性の趣味グッズをひたすら貢がれるとこれまた「怖い」です。これまでに私が恐怖を感じたのは「オススメの本、20冊」「俺が最高の曲を選んだCD5枚セット」「値段もわからないワイン1ダース」など。

これらは金額的には常識（?）の範疇だとしても、**相手の都合を一切考えないで送り付けてくるところに恐怖を感じます**。というわけで自分の趣味グッズを貢ぎすぎると、たいていはご丁寧に送り返されてくるか、それすら怖いと思われて音信不通となります。

ちなみに私の体験はまともなほうで、ある匿名のブログには[※1]**「男性本人が着ていた中古の服」をプレゼントされて困った**という報告があります。男性服、男性用化粧品などは、女性が貰って困る最たる例でしょう。

嬉しいのは「男友達にするよりワンランク上の親切」

「じゃあ、何をあげればええっちゅーねん!!」

そう思われた方、申し訳ありません、お待たせしました。気になる女性ができて何かあげたいと思ったら**「男友達にするよりワンランク上の親切」を狙いましょう。**たとえば友達が自分の持っている漫画へ興味を持ったら貸すことはあると思います。女性が興味を持ったら1巻買ってプレゼントしてみましょう。男友達にいいことがあったら「1杯おごるよ」となるかもしれません。気になる女性にはその「1杯おごるよ」をいつも適用してみましょう。お酒に限らず、コーヒー1杯でもかまいません。

「女性へは全部おごるのが当たり前じゃないの？」と思った方もいるでしょうが、おごりを当たり前に思う女性は悪女率も上がるので、賢明な殿方は避けて通られたほうがよろしいかと思います。

「男友達よりちょっと上」の親切は、友情の延長っぽく見えて「怖くない」から安心して受け取れます。そして、確実に好感度を上げられます。マンションより漫画1冊、フルコースよりコーヒー1杯の恩義を。お互いにあげたり貰ったりしても損しない範囲で、プレゼントを貢ぎましょう。彼女も心ある人間ならきっとお返しをくれるはず。

告白までの好感度は小さな好意で上げるもの。小さな親切であなたが友情よりちょっと上の好意を抱いているというサインを送ってあげてください。

初心者は「自分の欲しいもの」を選びがち

「自分が好きなものを人へあげてしまう」ことも、男女問わずプレゼント初心者にありがちなミスです。

自分が好きなものをあげてはいけないのは、「相手にとってどうでもいいもの」をあげてしまう率がめちゃくちゃ高くなるから。これは何を隠そう、私の失敗談です。もはや記憶もあいまいな若かりし頃。「人生初の彼氏と過ごすクリスマス」と、書いているだけで心拍数が100上がりそうなイベントを迎えました。

彼とのクリスマスなら、プレゼントを買わねば。というわけで5時間も田舎の駅ビルをウロウロしました。まずその時点でダメだろ、まだ楽天でよさげなギフトでも見繕ったほうがいいのにと今の私なら思いますが、何しろ「失敗したらどうしよう」と思い詰めすぎて不審者のようにデパートをうろつくことしかできなかったのです。

で、うろついて出した結論が「折り畳み傘」でした。ちょうど**自分もオシャレな傘がなくて困っていたので、相手もそう思うだろうと。**「思わねーよ！」と、当時の私をハイキックしてやりたい。

どぎまぎして迎えたクリスマス、彼のあからさまにガッカリした顔は一生忘れません。

「俺は一生懸命考えて、アクセサリー買ったのに」という一言も頂戴しました。たしかに私も傘貰ったらそう思いますわ……。ごめんね……。それが原因かはわかりませんが、1か月後に別れました。すまなかった、当時の彼よ。

つまり、プレゼント選びに5時間かけようがなんだろうが、相手の心へ届かないものはあげてはならぬのです。特に初心者だと候補を考えすぎるせいで「自分が好きなもの」を渡しがち。**相手が何を好きかは想像できませんが、自分が次に何を貰ったら嬉しいかは手に取るようにわかるからです。**

まったく同じ趣味の仲間ならありがたいかもしれません。しかしたとえば自分は音楽好きで、相手はからっきし音楽を聴かないのにポータブルのミュージックプレーヤーをあげても仕方ない。「何かあげなきゃ」と脳内でぐるぐるし始めたら、ちょっとストップ。考えすぎることで、かえって失敗しやすいものを選んでいるかもしれません。

いちばん欲しいものは「足りていないもの」

じゃあ、初心者でも簡単にプレゼントを買うにはどうすればいいか。プレゼントをあげる前に「何か理由があって足りていないもの」を探すのがいちばんです。高すぎる、品切

れだった、なんとなくまだ買う気が起きない。そういうものを聞き出しましょう。

そこで、手っ取り早く事情聴取できるのがこのフレーズ。

「ここ1年で買ってよかったもの、何かあった？」

まずは欲しいものでなく、買ってよかったものを質問することで、プレゼント最大の失敗「もうそれ、家にあるんだけど」というバッドエンドを避けます。過去に買ったものでブランド名などがわかると、なんとなく好みも把握できるのも利点です。

そして「買ってよかった」と語っているものや身に着けているものから「足りていないもの」を考えます。

・手袋とコートは買った。じゃあマフラーは？
・靴を新調した。じゃあ靴のケアグッズは？
・調理器具を買った。じゃあエプロンは？

こんな風に「足りないもの」が思いついたら、「そういえばマフラーは？」と聞いてみましょう。そこで「首が乾燥肌で身に着けられないから……」といったどうしようもない理由があるならプレゼント候補から外します。

「買おうと思ってるんだけどいいのがなくて」「そういえば、買わなきゃって思ってたんだ」という返答が来たら、ビンゴです。次のプレゼントに検討してみましょう。

プレゼントが欲しくない人もいる

また、「何かをあげること」に執心しすぎて、プレゼントがそもそも欲しくない方の存在を忘れないようにしましょう。自分は5時間も悩んで傘をあげたくせに、プレゼントを貰うのが苦手なタイプです。これまでの歴代彼氏に**「どうしても私へ何かプレゼントしたくなったら、その額を赤十字社か国境なき医師団へ寄付してほしい」**とお願いしていました。め、面倒くさい女……。

しかしながら一定数、モノを貰うことに抵抗がある女性はいます。プレゼントが欲しいタイプかどうかは、できれば付き合った時点で聞いておきましょう。**高いものをあげることがプレゼントの目的ではありません。相手を喜ばせることが目的です。**プレゼント自体が苦手な人へは、何もあげないことが贈り物。自分だけプレゼントを貰って罪悪感が生まれたら、前記のように寄付するかご飯をおごるなどして調整してください。

※1　はてな匿名ダイアリー『秋葉原のメイドによるＮＧプレゼントランキング』
https://anond.hatelabo.jp/20150704061207

悪女にダマされる男性の特徴

「人を見る目がある」と思い込んでいる

「山ほど貢いだ挙げ句に捨てられた」「浮気性だった」など、悪い女性にダマされた男性の体験談は後を絶ちません。後を絶たないということはすなわち「新しくダマされる男性が毎年いる」ということです。

ネットには危ない女性の特徴も出回っています。大がかりな結婚詐欺など、世間に警鐘を鳴らす事件もありました。ではなぜ、次々と被害者が生まれているのでしょうか?

それは悪女にダマされる男性が、ある共通した心理を持っているからです。

詐欺に遭いやすいのは日頃から「自分はダマされないぞ」と思っているタイプだと言われています。悪女にダマされる男性も同じで、**自分は女を見る目がある、女にダマされるなんてありえないと思っている男性ほど悪女に引っかかります。**

詐欺師は善意に満ちた顔をしているものですし、多くの人は好きになった相手を「悪人かもしれない」と疑うことはできません。「ダマされた!」とお怒りのご相談を伺うと、

むしろ「自分は疑い深いタイプだ」と認識している男性のほうがコロリとダマされていました。逆に、普段からお人よしだと言われてるからダマされないよう気を付けよう……と考えていた男性は友達へ早めに相談して「その女、ヤバいよ」と止めてもらい、難を逃れていたのです。

よく「運転ができるようになったと思った時期こそ事故を起こしやすい」などと言われますが、**女性関係でも「自分は大丈夫だ」と自信を抱いた瞬間がいちばん危ない**のです。

ではなぜ、疑い深い男性ですら悪女を見抜くのは難しいのでしょうか？

悪女のほとんどは無自覚

実は、目の前の女性が悪女か否かは、同性にも見抜けないことがあります。それもそのはず、「お前をダマしてやろう」と明確な悪意がある女性は少数派で、**ほとんどの悪女には自覚がないからです。**

「自覚のない悪女ってなんぞや？」と思われるかもしれませんので、具体例を見てみましょう。

・恋愛体質ですぐ浮気したくなる女性

今、目の前にいる男性を「彼こそ運命の相手かも」と信じてしまう。あなたこそ最後の相手だと信じて付き合うが、すぐに別の男性へ運命を感じてしまい、浮気される。

・情緒不安定な女性

自分の人生をなんとかするのに精いっぱいなのでとても人と付き合える状態にないのだが、苦しさから逃れるため恋愛に走ってしまう。あなたが献身的に支える間は安定していられるが、少しでも問題が起きると「○○君も私を見捨てるの？」「浮気してもいいよ、手首切るけど」などと自傷行為を通じてコントロールし始める。いざ別れてもあなたがいないと生きていけなさそうに見える。そこで見捨てられないと、彼女の精神的なアップダウンに付き合わされて泥沼に陥る。

・親子関係がべったりしすぎている女性

「親から愛された子なら安心」と思って育ちのいい女性を選ぶと引き当てやすい。どんな男性と付き合うべきか、どう振る舞うべきかすべて親の価値観に沿ってしまうので、親が「そんな男の子とは別れなさい」と言ったが最後、ばっさり捨てられる。親御さんの価値

判断だけで決められてしまうので、話し合って関係を築くことができない。

このように悪女のほとんどは「自覚がないまま男性を振り回す」のです。**悪意は拒絶できても、本人が純粋無垢なら信じたくなってしまうのが人間ってものじゃないでしょうか。**そのせいでせっせと悪女に振り回され、身も心も傷つく男性が少なくありません。

ダマされないためには恋愛相談を

では、どうすれば悪女から身を守れるのか。答えは「恋愛相談」にあります。**ダマされる男性ほど「男が恋愛相談なんてするもんじゃない」とひとりで解決しようとするきらいがあります。**女性と違って占いを利用する方も少ない上、友達へ相談することに抵抗がある方も多いでしょう。

しかし危険な恋愛の兆候を察知できるのは、いつだって他人です。私も恋愛相談を伺うお仕事を始めて数年経ちましたが、自分の好きな男性が善人か悪人かを冷静に判断する自信なんてありません。カウンセラーだって自分の話は聞けませんし、占い師も「都合よく解釈したくなるから、自分ごとを占うな」と言われます。プロだって人のアドバイスに従

うのですから、普通の人が恋愛のリスクを正確に判定するには、第三者の意見を聞くのがいちばんです。

もし身近に恋愛相談できる人がいないなら、思い切って有料サービスも探してみましょう。今ならネットの恋愛相談など、男性でも恥ずかしがらず使える方法が増えています。**「俺には関係ないわ、ダマされるタイプじゃないし」と修羅場の体験談を読んでゲラゲラ笑っているあなたこそ、油断しているからこそ狙われやすい**のです。気になる女性ができたら、思い切って友達や相談サービスに「この女性は大丈夫そう？」と相談してみましょう。

年収と恋愛の関係

女は金目当てで男を選ぶ？

男性から人生相談をいただくと「女はどうせ高収入の男が好きなんだろ、どうせ金目当てなんだ」といった失望を耳にします。これを真っ向から否定することはできません。**男**※1**性の年収と既婚率の関係を見れば、カネがあればあるほど結婚している残酷な現実が待っています。**

女性は全般的な傾向として、自分より稼いでいる男が好きです。しかも、その傾向は日本固有の現象ですらありません。パートナーに求める条件を世界6大陸で調査した心理学者のデヴィッド・M・バスの『男と女のだましあい―ヒトの性行動の進化』（草思社）によれば、**すべての地域で女性が「経済的な豊かさ」を重視しています。**※2マイナビによる日本の調査でも、9割弱の女性が「恋人の年収は自分と比べて高いほうがいい」と答えています。

残酷ですが、事実を列挙していきましょう。※3各職業の未婚率を比較したデータで男性の

未婚率が最も低いのは「医師」です。

この結果に「医師は人の命を救う立派な職業だから、プライベートでもモテるに違いない」なんて欺瞞で正当化するのはやめておきましょう。間違いなく**医師がモテる理由は収入、それも安定が約束されたように見えるから**なのですから。

だからといって「女はみんな金目当て」とは言えない

ならば、やはりほとんどの女性は金目当てで男に近づくのだから、モテるしぐさなど忘れて金儲けに特化したほうがモテるのでしょうか？

もしあなたが年収1億円を稼いでいて、これから頑張ることで年収2億にできるなら答えはYESでしょう。男性だって、年収2億円の女性から積極的に迫られれば、いくらやりがいのある仕事を抱えていようが「**このまま主夫になるのが幸せなのかも……**」と心がぐらつくに違いありません。超高収入でありさえすれば、美醜やデートのマナーなんて吹っ飛びます。

その一方で、付き合う相手の条件で年収を重要視する女性からヒアリングをしていると、決して生半可な年収ではモテないことがわかります。都内でアパレルブランドの広報を担

当するAさんからお話を伺いました。

Aさん：本当に結婚したいんです、もう34歳だし。でも周りはもう結婚してて、出会いがないんです。どうしたらいいかわからない。

トイアンナ：お相手にはどういう条件を求めてらっしゃるんですか？

Aさん：まず、優しい人。あと私も小学校から女子高出身なんで、中高一貫の男子校出身者が好きですね。そうすると大学も最低で早慶。子供も同じように私立へ入れたいんで、それを考えると**年収2000万円はないと無理かなって思ってます**。あと、都内に住んでる人ですね。実家が都内で、親から離れたくないので……。

トイアンナ：それは……そもそも当てはまる人口が少なそうですね。たとえば、条件をいくつかに絞って、ということはできそうですか？

Aさん：でも私、相手に合わせるほうです。元彼は地方出身の人でしたし。でも、どうしても無理って思って。その元彼に5年前くらいかな、ハワイ旅行へ連れてかれたんですね。まずその「日本人がうじゃうじゃいるとこ」を選ぶセンスが厳しいなって……。リゾートならゆっくりできるイビサとか、アジアな

らランカウイとかあるじゃないですか。そういうの調べないんだっていう価値観が受け付けなくて。それでイビサを知ってる人ってなるとやっぱり年収2000万円が最低ラインで、私立中高一貫出身とかで。**学歴が大事っていうよりは、価値観が合わないから無理なんですね。**

トイアンナ：おっしゃる通りかもしれませんね。隠れ家的なリゾートは旅行慣れしている人が行きますし、となればお金持ちが増えます。たとえばそういった楽しみ方を、Aさんが彼に教えるというのは無理でしょうか？

Aさん：私、そういう人見るともう生理的に受け付けないですね。「あっ、こういうダサいことする人なんだ……」って血液が冷えます。そうなったらもう好きになることはないです。

トイアンナ：そうですね、ではあえて当てはまる男性を狙いに行く、というのもアリですよ。ただし年齢が上の方も多いので40代以上が増えるかとは思います。

Aさん：うーん……やっぱり年上の男性はイヤですね。男って、35歳超えると急におじさんになるじゃないですか。

年収を足切りラインにしている

ここに出てきたAさんは年収を重視する女性の中では決してヘンな回答者ではありません。都内でインタビューしていると、年収を気にする女性の多くが年収2000万円を提示してきます。しかも、**年収はあくまで「男性を見る上での足切りライン」に過ぎません。**結局は優しさ、マナー、育ちのよさをフルセットで求めてくるわけです。なぜなら、いくら年収を重視する女性でもときめくのは「そっち」だからです。

Aさんのような方が成婚できるように案内するのは私の役目として、男性側としては**「高すぎる年収を足切りに置く女性を狙う必要は最初からない」というのが答え**になります。そういう女性はあなたの中身を見ることもないですし、あなたも見てほしいと思わないでしょうから。

「自分より年収が高い男性と結婚したい」と考える女性が年収1000万円なら、200万円稼ぐ男性は足切りラインを超えています。女性の平均年収は平成28年分民間給与実態統計調査によれば280万円。そう考えると年300万円以上稼ぐ男性は「女は金目当て」なんて考えなくてもいいのです。とっくに審査の足切りラインは超えているのですから。

そして何より、**1割の女性はお相手の年収を気にしていません。**少ないと思うかもしれ

ませんが、しかし女性が年収を気にする理由には「私は気にしないけど、親が年収を気にする」なんて事情もあったりします。恋に落ちたあとで「これからは夫婦共働きの時代ですから」と親御さんを説得できれば乗り越えられるのです。

これから男女の賃金格差が是正されていけば、上昇婚志向は和らいでいくことでしょう。その中で「女は金目当て」という一辺倒な理解で結婚を諦めるのではなく、1割の気にしない女性を見つけてもいい。あるいは共働きで助け合える相手を求めていきましょう。

※1　BLOGOS『正視に耐えない残酷な現実』
http://blogos.com/article/203791/
※2　マイナビニュース『恋人の年収、女性は「自分より高いほうがいい」が大多数』
https://news.mynavi.jp/article/20121017-a101/
※3　ニューズウィーク日本版『生涯未婚率は職業によってこんなに違う』
https://www.newsweekjapan.jp/stories/business/2015/09/post-3882.php

女からの恋愛相談は聞き役に徹するな

女性は親しくない人間と共感ベースで話しているに過ぎない

「女からの恋愛相談は聞き役に徹するな」という見出しは、ジェントルメンに広く伝わっている「女性との会話では聞き役に徹するだけでいい」という定説をひっくり返すためにあります。

あたかも真理のように広まってしまったこの定説、背景にはさらに手ごわい前提があります。**「女は解決策じゃなくて共感が欲しいだけだから」**というアレです。何を隠そう、この仮説をしたり顔で広めたのは女性であり、なんなら私も若い頃はこれを信じてやまない人間だったのです。

女性自身すらも誤解している「女は共感してほしいのよ仮説」は、いったいどこに誤りがあるというのでしょう。答えは「親しさ」という尺度を忘れていたことです

女性はあまり親しくない相手に反論することを好みません。男性だって、わざわざ初対面の相手に喧嘩を売ったりはしないでしょう。男性同士、初対面ならまずは仕事内容を聞

いて「その仕事、面白そうですね！」と無難に盛り上がりますよね。まさかいきなり「へえ、それでいくら稼いでるんですか？　ええっ!?　そんな薄給でよくもそんなつまらない業務やってられますね。僕でしたら1億年前に転職してますよ」とは言いますまい。

本来なら女性も仕事の話題で無難に盛り上がりたいところです。ところが女性の場合、「働いているかどうか？」ですら危険球です。相手は家事手伝いかもしれないし、専業主婦かもしれません。もちろん男性にだって無職の人はいるので「お仕事なんですか？」は危険ですが、女性のほうがそのリスクは大きい。

となると**女性同士で「とりあえず無難な話題」として選ばれやすいのが恋愛、それもささいな恋愛相談**です。

「今の彼、結婚したいって言っても『今はまだ』って言ってて。でも私もういい歳だし、これでうっかり結婚し損ねるくらいなら別れて婚活したほうがいいのかな？」

なんていう相談は「その気持ちわかる、つらいよね。どうしてこう将来に計画性ない人が多いのかなって思うよね！　でも彼氏さんってほかはいい人なんでしょ？　いいじゃん私なんて○年彼氏いないよ〜？」などとゆるく返しやすい。というより、**ゆるく返せそうな恋愛相談をすることも、それに対して共感ベースで返礼することもマナーの一部**になっています。

男性が「御社って裁量権も大きいし、海外赴任もさせてもらえるんでしょ？　うらやましいなあ、弊社は係長になれるのがようやく35歳で」なんて謙遜《けんそん》して返すのと同じです。

深い間柄なら、恋愛相談も解決策を求められる

人間関係がもっと深まっていた場合は、恋愛相談でももっと難解で「重い」タマが飛んできます。たとえば、

「入社2年目で配属になった部署の先輩と不倫してて、その先輩が仕事を教えてくれたから今まで必死で頑張ってきたのね。それもあって先月社内コンペで優勝できたんだけど、それから先輩が冷たくなって。問い詰めたら『僕より賢い女はいらない』とか言われて。ハァ!?　って感じじゃない？　で、その先輩、また別の新入社員に手を出してるんだよね。何してやったらいちばんいい復讐になるのかな？」

なんて、砲丸のような相談が来ます。こんな本気のタマが来たらあなたは親しい仲と認定されていますし、解決策をじゃんじゃん提供することで「恋人以上」の関係も狙えそうです。枕詞としての共感はある種のマナーになっておりますので「まじか！　そいつ本当にいっぺん社会的に抹殺したほうがいいな！」くらいは添えてからの話になりますが……。

ここまで仲良くなれるのは、表面的な恋愛トークを「そっかそっか」「頑張ったのにそれはひどいね」「つらかったね」と共感ＡＩで乗りきったあとの話です。

ですから、本当に口説きたい相手への振る舞い方は、

①共感ＡＩを作動させて「そっかそっか」「つらかったね」「まじかー」と連発する男になることで「敵意はないし、むしろ仲良くなりたい」意志を見せる
②彼女から本音トークが漏れ出したら解決策も提案する

というふたつのフェーズで構成されます。**「女性からの恋愛相談はうなずくだけでいい」は、あくまで知り合った直後、親しくなる前に限定したお話**なのです。

あとはやりたいか、やりたくないか

「でも、そこまでやるのめんどくさい」と思った方へ。**おっしゃる通りです**。すべての女にこんなことするのは、ハッキリ言って面倒でしかありません。女性から恋愛相談が飛び出したらまず「こいつとヤリたいか」を考えてください。純愛でも下心でも答えは一緒。

彼女と仲良くなりたい、あるいはヤリたいなら労力を払いましょう。

もしそこまで労力を払いたい相手ではないなら、「そっかそっか」の共感ＡＩを発動させるだけ労力の無駄です。最初の会話で恋愛相談への解決策を提示したってかまいませんし、なんなら「じゃあそろそろ帰るわ」と退席してもいい。

下手に共感ＡＩを作動させ続けて都合のいい答えばかり返していると「いつも愚痴を聞いてくれる都合のいい相手」として感情のゴミ箱にされるのがオチです。友達になるにせよ付き合うにせよ、会話するなら両方が楽しめたほうがいい。仲良くなりたいならまだしも、どうでもいい相手へプライベートで使う忍耐はありません。さっさと帰って、ＰＳＶ[※1]Ｒで疑似デートもやりましょう。

※1　PSVRで疑似デート……PlayStation VR対応のシミュレーションゲームや動画配信サービスでは、その世界に本当に入り込んでいるかのような臨場感であたかも恋愛している雰囲気を楽しむことができる。

趣味欄に「カフェめぐり」と書く女たちの正体

書くことがないから当たり障りのないことを書いている

昨今は婚活アプリやサービスを使う男女も増えましたが、どなたも困るのが「プロフィール（自由記入欄）」と「趣味」じゃないでしょうか。ここに迷わず語れることがある人は尖った個性をお持ちでしょうからよいものの、人類の大半は特に書くことのないフツーの人でございます。

かといって自己紹介欄に「明日、朝起きたら櫻井翔になってないかなと思いながら、帰宅後すぐ布団でゴロゴロし、まとめサイト見ながら寝落ちしています」とは書かないでしょう（もし書いているなら、悪いことは言わねえ、やめておけ）。

フツーの人が「趣味」の項目に悩んだときはどうするか。答えは**「他人のプロフィールを参考にする」**。同性の人のプロフィールを検索し、そして当たり障りのないものを選んで書き込むのです。

女子の場合、こんな「当たり障りのない趣味」が選ばれています！

【趣味に悩んだ女子が書き込む「当たり障りのない趣味」】

・ウインドウショッピング
・食べ歩き
・カフェめぐり

これらには「とりあえず社交性があることは伝えなきゃ……」という意図こそあれ、「カフェが好きで好きで、都内なら100件は周りました」なんてガチ勢は含まれません。そもそもカフェ「めぐり」ってなんだ。たとえば1日に5軒のカフェをリストアップして、Retty[※1]にレビューを投稿しているプロのカフェラー女子がいると思えますか。存在はするでしょうが、人口100人くらいです（ソース：私の直感）。

食べ歩きだって考えれば変な趣味です。どこの表参道に「よし、次は角のクレープ屋へ行くぞ。最短距離はこの経路だ」と計画的に歩いている女子がおりますか。

ディープな話は嫌われる

なぜここまで断言するか。それは、本気で好きなら自己紹介欄に書くことがたっぷりあるはずだからです。

「コーヒーにハマっています。今では一周回ってブルーマウンテンやっぱいいな、と再評価しています」「好きな食べ物はイノシシ肉、でも旬の食材がいちばんです。この時期ならレンコンと春菊推し」とか、知らない人が見たらドン引きしかねないコクのある情報がぎっちりと載っていることでしょう。**婚活というTPOを重視したくてもできない、それが趣味沼にハマった人の宿命**であります。

つまり「カフェめぐり」「食べ歩き」と書く人は、沼には浸かっていない可能性が高くなります。ですからあなたがもし本気でカフェをめぐっていたり、グルメ沼にハマっているとしても「おっ、同じ趣味の人だ！」と喜んではいけません。

こういった女性へうっかり「奇遇ですね！　僕もカフェが好きで、コーヒー豆が特に気になります。ラ・エスメラルダ・ゲイシャ[※2]がある『ツエーンコーヒー』[※3]なんか今のベストですけど、○○さんはどこの農園で生産された豆が好きですか？」なんて聞こうものなら、相手は**「えっやばい、なんかこの人、ガチじゃん」**とひきつった笑いだけを返してくれる

でしょう。

「嫌いじゃない」くらいのとっかかりにせよ

では、こういう女性とどう話のとっかかりを作ればいいか。まずは、女性がプロフィールを粉飾決算した理由を考えてみましょう。無難な趣味を出してきた時点でまじめで協調性が高く、それでいて実はインドアな方でしょう。なぜインドアかというと、ほかにアウトドアな趣味を持っているなら、趣味欄に書かれることが多いからです。

しかも「読書、クラシック鑑賞」などと教養高い系の趣味を書かないということは……結構な確率でゲーム、アニメ好きです。もしくは宝塚やジャニーズなど「男性が見たら引きそうだなあ」と想像される趣味を持っています。

といっても彼女たち、**「嫌いなこと」はさすがに趣味欄に書きませんから、カフェめぐりや食べ歩きは「嫌いではない」はず。**デートのきっかけとして「よければ新しいカフェへ行ってみたいんですけど」と話のとっかかりに使うのは大正解です。

しかしそこでディープなカフェマニア話をするのではなく「実は僕もカフェめぐりが好きって言っちゃったんですけど、ぶっちゃけインドア派なんですよね～」くらいにカマを

かけてみましょう。もし相手女性に沼があるなら、そこで心を開いてくれるかもしれません。

同じ沼の主になるより、社会性を優先しよう

とはいえ、どんな女性もチェックしているのはあなたの「社会性」です。**沼が同じだからといって、初対面でズケズケと踏み込むのはやめておきましょう。**

ある女性は「私、ＢＬが好きなんですけど、恋活アプリで同じカップリングが好きな人に会ったんですね。それで彼は盛り上がっちゃって、恥ずかしくて消えたかった。わざわざ隠してるんだから、こっちが秘密にしたいって気持ちを大事にしてほしい」と語っています。同志だからといって即・付き合えるとは限りません。

むしろ「僕もそういうの知ってます。いいじゃないですか、そういう趣味」くらいの冷静なコメントで済ませるのが、彼女作りへの第一歩。彼女が心を開いたら、おのずとカミングアウトしてくれるはず。それまでは清潔感ある服装と丁寧な態度を心がけ、本命女子との距離を詰めていきましょう。

※1　Retty……グルメ情報が集まる実名型口コミサービス。

※2　ラ・エスメラルダ・ゲイシャ……パナマのエスメラルダ農園で生産されているスペシャルティコーヒー。

※3　ツエーンコーヒー……東京都台東区にある喫茶店。千代田線湯島駅から徒歩1分。

「結婚前提」と思われない恋愛術

アラサー女性を襲う2種の天敵

「結婚はいつかしたいけど、今じゃないんだよなぁ」と考えているあなたのために、結婚を意識しなくてもアラサー女性と付き合える誠実な方法をご案内します。今すぐ結婚したい男性は、この項目を飛ばしちゃってかまいません。

さて、男性に「どんな年齢層の女性とデートや合コンをしたいか」質問すると、まっとうな男性は同年代か、少し年下を挙げてくれます。ところがヒアリングしているうちに、避けられやすい年齢層があることが判明しました。

29歳～31歳の女性はデートや合コンを男性から避けられやすい。その理由は、結婚で焦ってそうだから。くっそ～～、その通りじゃわい！

でも、すべての29歳が結婚に焦っているわけじゃありません。アラサーともなれば、はじめて肩書きがついて管理職として頑張っている時期でもあります。仕事が楽しくて結婚どころじゃないんだよね、という女性もたくさんいます。男性から避けられやすいからこ

そ、実は狙い目でもあるのです。

一方で彼女らも「後輩が先に結婚した」「親からの結婚しろプレッシャーがすごい」という悩みは抱えており、結婚を意識させられると「やっぱりこの人との結婚を考えるべきかしら」と傾くようにできています。つまり、**アラサー女性と結婚前提のお付き合いをするか否かの主導権は、あなたにかかっている**のです。

しかし世の中は「29歳女性か……俺まだ結婚とか考えられないし、合コンやめておこうかな」と敬遠する優しい男性ばかりではありません。むしろ結婚願望を利用して搾取してやろうという、天敵のような男性もおります。そのため、まともなアラサーは警戒網を働かせます。「この人、遊びなんじゃないか」と、センサーが働くのです。

天敵①　結婚を匂わせてアッサリ35歳手前で振る男性

「お前との関係？　そりゃ付き合ってるっしょ」と普通の彼氏・彼女として付き合う男性……でありながら、お年頃女性への結婚アプローチを肯定も否定もせずのらりくらりとかわします。「いつかはプロポーズしてくれるよね？？？」発言、唐突に現れる彼女のご両親、同棲する家に置かれたゼクシィも華麗にスルー。彼女が34歳頃になってから「俺やっぱ若い子と結婚したいわ」とアッサリ彼女を振る男性、結構います。

天敵② 離婚を匂わせて不倫をズルズル続ける既婚男性

天敵①は本人も未婚なだけマシですが、既婚男性で「妻のことはもう愛していない。だからいつかは君と結婚したい。けれど子供もいるし、まだ離婚調停中なんだ。だから少し待ってくれ」と嘘をついて女性のアラサーを搾取し尽くす人もあとを絶ちません。こういう男性に限って、いざ女性が離婚を迫ると「まさか本気に思ってたなんて。あれはファンタジーでしょ。不倫を燃え上がらせるための詭弁としてわかっていてくれたと思ってた」と最低のカスタマーサービスをやってくれます。**誠実な男性から見ても刑事罰を食らわせたいくらいムカつくんじゃないでしょうか。**

ちなみに後者の既婚男性は恨みを抱いた女性が彼の会社へ連絡し、左遷・解雇という形でバッドエンドを迎えますので、全国の善良な男子よ、ご安心ください。

警戒網を突破するにはあらかじめ「将来はない」と伝える

では、警戒網を突破して「結婚する気はそんなにないけど、29歳前後の女性と付き合いたい」ならどうすればいいか。答えは**最初に「結婚はまだ考えてないけど彼女はほしくてさ」とぶっちゃける**ことです。アラサー女性の望まない結果は「結婚するものと思わせて

おいて、その気はなかった」であり、**最初から○○歳頃まで結婚する気はないと言ってくれるなら問題ない**わけです。

もっとも、この世には「結婚する気はないと彼は言っていたが、付き合っていくうちに結婚を意識してくれるものだと思っていた」と勝手に怒り出す女性が年齢に関係なくおりますので、しばらく結婚する気がないことは繰り返し伝える必要があります。アラサー女性だけに当てはまることではありませんので、将来を考えずお付き合いをされる場合はくれぐれも肝に銘じてください。

期待値コントロールは、あらゆる場で活用できる

「今すぐ結婚を考えていない」なんて言える立場じゃない？　モテなくなりそうで怖い？

その気持ちもわかります。けれど女性にだって、結婚を意識していない人や「年単位で付き合わないと結婚を考えられない」という慎重派の女性がおります。

「遊びまくりたいから結婚は考えてない」なんて身もふたもない理由でなければ、時間をかけて結婚相手を探したいあなたの考えを支持する女性は大勢いるはずです。逆に今のあなたが、半年以内に成婚したい女性と無理にお付き合いしても、しんどくありませんか。

仕事でも「なんでもやります！」と嘘をつくよりは「○○まではできると思います、××は厳しいです」と答えられるほうが誠実なもの。こういった期待値のコントロールは、むしろ好印象を与えます。恋愛でもインフォームド・コンセント[※1]を忘れずに、ゆっくり結婚相手を探してくださいね。

あ、最後に冷静な警告だけお伝えしますが、35歳を過ぎると結婚相談所でも女性からのマッチングが急激に減ります。**男性だから年齢は関係ないと楽観視しているとしんどい未来が待っていますので、「いつか結婚したい」ならご自身の年齢もお忘れなきよう……。**

※1　インフォームド・コンセント……手術などに際して、医師が病状や治療方針をわかりやすく説明し、患者の同意を得ること。

女はなぜ怒りを限界まで堪えるのか

「あのとき許せなかったことランキング」

人生相談を伺いながら恋愛の男女差について考えると、「恋に落ちるフェーズ」ではそれほど違いがないことがわかります。ＬＩＮＥの「送信」が押せずに一晩メッセージを寝かせてしまう、頑張りすぎた勝負服が斜め上すぎてコケる、自分の趣味を押しつけすぎてドン引きされるなどなど……甘酸っぱい失敗もみんな同じ。人類みな兄弟です。

ところが「付き合ってからのフェーズ」へ移行した瞬間、男女の恋愛観はハッキリ分かれ、特に相手への不満をどう伝えるかというコミュニケーションにおいては天と地ほどの差が生まれるのです。

女性と付き合ったことのある男性なら一度は、**これまで怒ったことなんかなかった彼女がいきなりキレて、「あのとき許せなかったことランキング」をずらりと並べてるシーン**に出くわしたことがあるんじゃないでしょうか？

男性の怒りはトピックごとに分かれている

男性は怒りをいくつも分散してため込むことができます。小さなグラスに飲み物をそれぞれ注ぐかのように、テーマ別で男性の怒りは分類されています。

【男性の怒りの例】

グラス①　最近の彼女は飲み会ばかりで寂しい
グラス②　分担した通りの家事をやってくれない
グラス③　セックスがマンネリ気味

男性はグラス①「最近の彼女は飲み会ばかりで寂しい」が満杯になったら「最近ちょっと用事多すぎじゃない?」と文句を言いますし、グラス③「セックスがマンネリ気味」がしんどくなったら、ネットで対策を調べるかもしれません。**不満ごとにグラスが溜まっていくので怒りや文句を言う頻度は高くなりますが、怒りが爆発するケースはまれ**です。

いわゆる「かんしゃく持ち」「モラハラ」と呼ばれるような怒りや束縛の激しい男性もこれは同じで、単にストレスのグラスがいっぱいになる速度が早かったり、グラスが異様

に小さくてキレまくったりしているだけ。

女性の怒りは「彼氏」でひとくくり

それに対して女性の怒りは「彼氏」というくくりでひとまとめにされています。大きなビアジョッキへ水を注ぐようにストレスを溜めていくので、満杯になるまで怒りは見えません。けれども一度満杯になれば怒涛の「あなたについて直してほしいところ」があふれ出てしまうのです。

【女性の怒りの例】

ビアジョッキ①　デートに遅刻しすぎ ＋ 誕生日この前忘れてたでしょ ＋ 最近よくやりとりしてる同僚の女性って何者？ ＋ セックスが痛い ＋ 服ちゃんと洗ってよ、etc.……。

彼女が怒ったとき、きっかけはささいなことかもしれません。しかしそれまでに溜まった「彼氏関係の怒り」が全部放出されるので、彼にとってみれば唐突な**「あのとき許せなかったことランキングＴＯＰ20を発表します！　まずは第20位！　……ドコドコドコドコ**

……じゃじゃーん、出しっぱなしの洗濯物！」をされているようにしか見えない。

特にストレスをため込めるビアジョッキが大きい女性ほど過去へさかのぼって怒り出すので、言われた本人からすると「それ、いつの話？」とびっくりし、なんなら覚えてもいないことで怒られる。ため込み型の女性の場合は「もう無理だから別れたい。だって許せないことランキングが100位まで達しちゃったんだもん」とまで話が飛躍することもあります。ハッキリ言って、理不尽の域です。

お互いのクセを理解してうまくガス抜きしよう

世間で「怒りランキング発表」に対してなされている方策は「男がひたすら女性の怒りを察して行動する」こと。けれど**男性だけが妥協して、ますますストレスを溜めているのってアンフェアじゃありませんか？** 恋人が長く付き合うには「お互いに」話し合いの技術を磨くべし。ここからはそれぞれが始められる話し合いのテクニックをお伝えします。

【男性が取れる対策】

・自分が怒るときは**「俺の怒りは別れ話級じゃないから安心して」**とワンクッション置く

ことで、女性の怒りの大きさとは違うことを強調しましょう。女性側も冷静にあなたの指摘を聞くことができるはずです。

・1か月に一度**「今のうちに不満があったら教えてよ」**とこちらからガス抜きを提案しましょう。女性は爆発する前に聞かれると、怒りの感情を爆発させることなく不満を伝えられるようになります。

【女性が取れる対策】

・怒りをため込みすぎないよう、**ムカっときたことはメモに残しましょう。そして爆発する前に冷静に伝えましょう。**「昨日のアレは、直してほしいかな」くらいの言い方を心がけると、相手も素直に聞いてくれることが多いものです。

・**「それくらい察してよ」というマインドを捨てましょう。**男性にあなたの怒りを察することはできません。むしろ「察してよ」と自分がイラついたときは怒りが溜まっているサインなので、彼へどう伝えるべきかを考えましょう。

怒りの伝え方は付き合うことで学べる技術。最初から完璧なコミュニケーションを求めずに、2人で話し合いのスタイルを磨いていきましょう。あなたのグラスがいっぱいにな

る前に、怒りの伝え方をコントロールして素敵な関係を築いてください。

別れ話の致命傷へ繋げない方法

自分には心当たりがないのに、いきなり彼女が怒り出した。最悪の場合、このまま別れ話まで進みかねないけれどどうすりゃいいんだ？　というような場合はどうでしょうか。

女性の取扱説明書を歌にした西野カナさんの楽曲『トリセツ』でも、冒頭に来るのは「不機嫌になったうえ、理由を聞いても教えない。でも放置したら怒るぞ」とまさに女性の理不尽な怒りを体現した内容。そんなの知るかよ……！　と怒りたくなる気持ちはさておき、実は簡単にリカバリする方法があります。

女性の怒りの原因はさまざまなので、「どうすればいいの？」と質問しても答えは出ません。炎上した仕事と同じです。バグを起こしているコードにプログラマーが「どこがおかしいの？」と質問しても答えが返ってこないのと同じ。あるいはお怒りの取引先へ「どうすればよろしいでしょうか？」と質問しても怒りを招くのとも似ています。

どんな方でも社会人数年目までには「トラブルが起きたからってどうしたらいいですか？　と質問するな。自分で原因になった可能性があることをひとつずつ検証して仮説を

立ててから合ってるかを上司と確認しろ」と指導されたことがあるのではないでしょうか。

仕事の現場であれば当たり前のように「納期の見積もりが甘かったかな、責任感不足とみなされてチームの信頼を失ったか、それとも確認作業が甘くて抜け漏れがあったか……」と冷静に状況分析をしてからトラブルへ対処するはず。それがなぜか恋愛沙汰になると「彼女が怒ってるっぽい。どうしたらいいんだ？」と社会人1年目へ若返ってしまっているのです。

「どうしたらいい？」と質問すると女性は激怒する

そしてこの「どうしたらいいんですか？」で対処しようとすると、これからのライフイベントで女性の地雷を踏み続けます。

以下、女性たちの阿鼻叫喚をご覧ください。

「結婚式の準備、全然手伝ってくれなくて。招待状の手配も引き出物の準備も、音楽の進行も全部私任せ。それで怒ったら**「どうしたらいい？　やるべきことを教えて」ってお前は子供か！**」

「共働きなのに子育ては全部、私任せ。せめて家事くらいやってと言ったら「何したらい

い？」って、それを私が考えてあげて指示しなきゃいけないならもうやってくれなくていいから出てってくれって思う。こっちが**欲しいのは新人じゃなくて即戦力**なんだから」

これが積もり積もるといきなり奥さんが家出する、子供からも疎まれる恐れアリ……というわけで、傷が浅いうちにリカバリしましょう。

リカバリは「タスクの洗い出し」から始めよう

さて、ここからは具体的なリカバリの方法を列挙します。

①すべてのタスクを洗い出す

結婚式の準備ならすべてのやるべきことリスト、家事ならゴミ捨てからご飯の買い出しまで細かなタスクを書き出します。大切なのは「今余っている食材を調べる」「賞味期限の古くなったものを捨てる」レベルまで細分化したリストにすること。

たとえば「料理」だけをタスクで書き出すと、リカバリのつもりで料理をしたはずが「冷蔵庫の食材をうまく使い切る」「家計に負担をかけない材料費におさめる」といったタスク漏れを起こしてさらなる炎上を招きます。プロジェクト全体を見渡して過不足ないタ

スクリストを作りましょう。

②「今達成されていないタスク」を探し出す

彼女が怒っているということは、彼女だけで抱えきれないタスクが待っていることを指します。現時点で彼女もできていないことを調べましょう。たとえば「ゴミ出しの日にゴミをまとめて出す」が達成できずペットボトルや燃えないゴミが溜まっていないか。結婚式準備なら「二次会の幹事へ進捗を確認する」が漏れていないか……といった部分です。

③抜け漏れがあるタスクを言われる前にやる

今できていないタスクが見つかったら、それを言われる前に実行します。そこで「やってあげた」感を出すと「私はそれ、普通に毎日やってるんですけど」と怒りを招きますので、プロジェクトを完遂するための業務として割り切りましょう。

結婚式のように、楽しみが女性側に偏っているプロジェクトが多いことは否定できません。しかし仕事ではあなたも「上司から降ってきたうまみのない炎上プロジェクト」を片付けることができていたはず。自分がやりたいプロジェクトを任せてもらうためには、ま

ず日々のタスクをこなすことからです。心を無にして頑張ってください。

正直、リカバリはしんどいです。だからこそ彼女と仲直りできたら「2人へのごほうび」を用意しましょう。2人は同じ炎上プロジェクトを乗り越えたチームメイトです。子供をベビーシッターへ預けて外食する、結婚式お疲れ様会をするといったお互いを労うイベントを作ることで、これからの人生を乗り越えてください。

なぜ彼女はオタクの集めたものを捨てたのか

「彼女にオタク趣味のコレクションを捨てられた」というエピソードを誰もが一度は耳にしたことがあるでしょう。私も詳しいわけではありませんが、鉄道模型やフィギュアにかかるお金はあっという間に3ケタ万円へ到達するので、金銭的にも痛いでしょう。何より、もう二度と手に入らないものを失った悲しみは計り知れません。

その一方で、だから女はクソと片付けるのも早計です。100人中100人の女性が相手の私物を勝手に捨てると考えるのは非現実的ですし、加害者の言い分を聞いてみるべきでしょう。そんなわけで、彼の私物を捨てたことのある女性に伺ってみました。旦那さんがプラモデルオタクだったBさんのお話です。

Bさん：独身の頃から家中プラモだらけ。そのときは全然気にしてないというか、趣味のある人って素敵だな〜くらい。オタクっぽいかもしれないけど、服装はちゃんと気を遣ってくれてたし。家の中で楽しんでくれるなら休日も一緒に過ごせていいかなって。でも子供ができて、ちょっと動けるようになるじゃないですか。そうするとなんでも口に入れようとするんですね。飲み込めちゃうようなヘアピンとか、床に落ちちゃってた薬とか危なくて。だから目線にある道具は全部片付けたんですけど、**夫がプラモだけ片付けてくれなくて。それで一度、落ちてたパーツを口に入れちゃって。**もう、絶対捨てる、って思ってうちの子の目線に入るものを全部捨てました。

トイアンナ：捨てる以外の選択肢って思い浮かびませんでした？

Bさん：実家に送り付けるとかいろいろあったかもしれないですけど。そのときは◯◯（お子さんの名前）が！　ってなっちゃって、もうそれで。**プラモと子供の命どっちが大切なのか。今でも許せない**ですね。何度も片付けて、危ないからって言ったのに「やるやる」って言って行動してくれないせいでこんなことになって。その後、ちょっと別居してから仲直りしてますけど、あのとき

のことは許せないです。

ここまでお話を伺って**「夫婦のどちらもが自分を被害者だと思っている」ことがいちばんしんどいな**と感想を抱きました。捨てるほうは何度も掃除しろと言ったのに相手が動いてくれなかった鬱憤が溜まっていますし、捨てられたほうは趣味に理解のない鬼嫁！と思っていることでしょう。

こんな風に捨てた女性の話を聞くと「何度も掃除しろと言っていた」など、サインや警告を発していたと言います。ところが男性から聞くと「いきなり捨てられた」という話が多い。おそらく女性が発している警告を男性が受け止めておらず、いきなり極刑を食らったような理不尽さを抱いているのではないでしょうか。

女性の「警告」は日常会話にまぎれている

なぜこんな悲劇が起きるかというと、女性の警告は日常会話にまぎれすぎていてわかりづらいからです。

「はぁ……。そろそろこれ、なんとかしてよね」

「子供が手を伸ばしたら危ないでしょ」

といった言葉、男性にとっては日常会話。けれど実は「最後通牒までのカウントダウン」だったりします。３回言ってもやらなきゃ捨てるぞ、くらいに思われている可能性・大です。

もっと**「ピー、子供に生命リスクあり。これは1回目の警告です。3回目の警告までに部屋が片付かない場合、片付けを強制執行します」**とシビュラシステム[※1]くらいわかりやすい表現にしてくれよ！　と思うでしょう。ごもっともです。女性はなるべく喧嘩腰にならないよう会話することが多く、不満がわかりづらい。男性が悪いわけではありません。

ただ、女性が直接的なコミュニケーションをすると社会生活を送れないという擁護だけさせてください。私はストレートにものを言うタイプで、「家庭にひとつ懸念があります。家事分担が不平等です。トイレ掃除か風呂掃除をしてください。さもなければ家賃の支払いを放棄します」といった直球をぶん投げます。が、**この話し方が男性にモテるかというと……お察しください。**

彼女とは「話し合いのスタイル」を共有しよう

そこでオススメしたいのは「話し合いのスタイル」を調整することです。「男は何度言っても片付けない」「女は趣味を理解してくれない」と切り捨てるからこそ、何度も悲劇が起きています。ならば、**トラブルが起きる前に、お互い伝わる会話を心がける。**

たとえば「小言っぽく要望を言われても本気かわからないから、話し合いたいことがあったら会議をしよう」というのもアリでしょう。昔懐かしい「家族会議」の登場です。会議で話し合っていないことで怒るのはナシとすれば、お互い発言せざるをえません。簡単なメモでもいいので議事録も取りましょう。「2人で合意したこと」「とりあえず留保したこと」を記録しておくだけでも、同じ喧嘩の繰り返しを防げます。

※1　シビュラシステム……アニメ『PSYCHO-PASS サイコパス』に登場するシステム。人間の精神状態を読み取って数値化することで、人々の生活を支援するほか、犯罪を行う可能性のある者を判別し、治安の維持を実現させている。

「割り切り女子」にダマされてはいけない

ぱっと見、割り切れそうな泥沼女子

「割り切れる関係」とは、なんと淫靡《いんび》な響きでしょう。たとえ愛する彼女がいても、別で割り切れる女がいればいいのに……と、妄想だけでも口にしたことのある男性は多いんじゃないでしょうか。

一方、女性のひとりとして申し上げます。「男性って本当に割り切れる女性を見分けるのがヘタだな～！」と。**「割り切りたいどころか泥沼へズブズブとハマりたくてその女性を選びましたよね？」**としか思えないほど、一般的な男性の「割り切れる女子」を見抜くスキルは低いもの。しかもリア充の自信家ですらド下手な傾向にあります。

では、ぱっと見で「割り切れそうな相手」だと誤解したままワンナイトラブすると何が起きるでしょうか？　以下は実際の泥沼にいらっしゃるCさんの声です……。

Cさん　：自分で言うのもなんだけど、私って努力家だと思うんですよね。仕事の炎

上案件でも必死に乗り越えるし、部下の面倒も見ますし。でもこれまでを思うと、人から褒めてもらえるから必死だっただけというか。**私、おじさん受けがいいんです。**お偉いさんにいい子いい子してもらって（派遣から正社員に）登用されて、そこでマネージャーになって……。でもそんな頑張る必要あったのかな。結婚したい。でももう30代で、いいなって思った人は全員既婚なんですよ。出口戦略が見えない。合コンしてもいい人いないし。そのとき偶然前職の上司に会って、相談したらそういう感じになって、今も続いてます。

トイアンナ：結婚したいけど、不倫をしている……？

Cさん：そう、**誘われたし一晩くらいまあいっか、って思ったんですよ。**でもどんどん好きになって。もともと尊敬している人だったから仕方ないのかな。でも彼も奥さんとはセックスレスだって言ってるし、**奥さんの Facebook 見ても彼のこと出てこないし、これは本当に仲悪いんだなって。**

トイアンナ：奥さんのSNSを見てるんですか？　それ、彼は知ってます？

Cさん：知らないです。彼はそういうの絶対許してくれないと思う。

トイアンナ：彼とは最終的にどうなりたい？

Cさん：奥さんと別れてこっち来ちゃいなよ、って思います。前にそういうこと言っ

たんですよ。そしたら3週間音信不通になって。辛すぎて**彼の会社の前でウロウロしてました。**

トイアンナ：おおう……。ちなみに前職の上司ってことで共通の知人も多いかと思いますけど、みなさんはこのことを？

Cさん：前職の同期でも信頼している人だけの Facebook グループでしか書いてないんで、知られてないと思います。

トイアンナ：（それ、もう周囲は全員知ってると思うぞ！！！）

はい、不倫女子は驚くほど口が軽いです。そして「信頼している友達」を介し、不倫の事実は驚くべき勢いで拡散されます。なにせ、Twitter での出会いに疎い私ですら知人の不倫案件はいくつも知っております。

主体性がない女性は割り切れない

ここで「割り切る」という行為に必要な条件を考えてみましょう。先ほどのケースで紹介したような、**誰かに流される形でキャリアや恋愛対象を決めてきた女性はそもそも「割**

り切る」という主体的な決断ができません。割り切った関係を持つためには出会った相手と遊ぶぞ、という強い意思がいるからです。

「これまで告白された人と付き合ってきた。自分から行くことはない」

「せっかく口説かれたんだし、2軒目飲みに行くくらい、いいかな」

「正社員登用のお話をいただいたことだし、なってみた」

と、流されて人生のステップを歩んできた女性は、割り切れずにズブズブ沼へ入ることも多いのです。

割り切れる女性は、あなたにとって怖い女性

一方で、本当に割り切れる女性はこういうタイプです。

「好きな相手を積極的に口説いている」

「遊びと本命の線引きがハッキリしている」

「就職や転職先を明確な条件で選んできた」

これらに当てはまる女性は、いざ「割り切って遊ぶぞ!」と決めれば自ら動きます。銀座[※1]のコリドー街へ自分から出向きますし、あちらから声をかけてくることもあるでしょう。

逆に結婚相手を探しているときは、ワンナイトの前かすぐあとに「私は結婚したいんだけど、このままの付き合いなら別れよう。結婚する気があるなら半年以内に決着つけて」とハッキリ言ってくるはずです。何しろ、割り切っているのですから。

ところがこういう女性にはあまり声がかかりません。男性にヒアリングすると「怖い」「下手に誘って断られたら自分が傷つく」などの声が。「自分が割り切って付き合える女性」ということは、すなわち相手から割り切られる覚悟も必要だからです。逆に、**グイグイ押せばいけそうな女性なら、強引に口説くこともできるでしょう。でもそれは数年に渡る恋愛ドロドロ沼へ入水しているのと同じです。**

割り切りそうな女性を口説いてもすっぱり「彼氏いるから」「今はそういう気分じゃない」と言われてしまうかもしれません。ですがそれは彼女らが人生を主体的に決められるからこそ。本当に割り切りたいなら、勇気を出して「将来性のない関係、どうですか！」と告白（?）してみてはいかがでしょうか。

あ、もっと情緒ある恋愛の泥沼がお好きですか？　では主体性のない女性とのあいまいな関係へどうぞ。ただし、**行きはよいよい、帰りは……怖いですよ？**

※1　銀座のコリドー街……有楽町駅と新橋駅を繋ぐ高架下のエリア。夜はナンパスポットになることでも有名。

年上の女性を落とすポイント

年齢をまったく気にしない女性は少数派

「男性は若い子が好き」「女性は年上が好き」というのは、もはや議論の余地がない前提であるかのように語られています。ところが最近、この前提が崩れつつあります。2015年に婚姻届を出したカップルのうち、4組に1組[※1]は妻が年上だったのです。

恋愛結婚が大多数となった21世紀現在、好きになった相手が偶然年下だったから、それでもいいと判断した……と考えるのが自然です。年を重ねたぶん経験豊富で、失敗も優しく受け入れてくれる、色気のある年上女性。素敵だなと感じたら、挑戦してみる価値があるのではないでしょうか。

とはいえ**「年齢を一切気にしない女性は少数派」というのも事実。**愛さえあれば年齢なんてどうってことないじゃん？　女性の多くも最初はそう思っていますが、25歳頃から「あれ、年齢って大切じゃない？」と考えるのです。

女性にとって、年上男性の魅力といえば、経済力と人生経験。高級レストランにドライ

ブデート、軽井沢の宿で週末は1泊……なんてことができる若者はそういません。けれど結婚相手としてはどうでしょうか？

たとえば50歳の男性とお付き合いしたとしましょう。女性も最初の1、2年は恋をすることができます。しかし3年目くらいで我に返るのです。「あれ、これから彼と結婚して**子供を産んだら、成人するとき彼は70歳オーバー？　もしかして、子離れしたらすぐに介護が待ってるの？」**と。

「年上カッコイイ！」と思っていた女性たちも、アラサーへと向かうにつれ「むしろ同年代か年下のほうが、一生一緒にいられるんじゃない？」と気付くものです。

女性は、年下男子のどこに惹かれているのか？

実際に年下男子好きを公言するナツキさん（仮名）からお話を伺いました。

「前は、年齢とかどうでもいいって考えてました。人にとって重要なのは内面でしょって。それが昨年で三十路になりまして、はじめて男の子の顔を見てかわいい、って思ったんです。その子は会社の後輩なんですけど、もうとにかく**素直で、真っ白な歯で笑ってハイ！　ハイ！　って返事するのがいいなあ、かわいいなあ……**って」

さらにもうひとり、別の理由で年下男子の魅力に気付いたカナコさん（仮名）の事例もご紹介します。

「クラバー[※2]で、そのままホテルとかも結構あったんですよ。大事なのは年齢よりトークと顔っしょ、って思ってたんです。でもある日、アラフォーの人と寝まして。事後にシャワ[※3]ろうって立ち上がったら、もうヤツの背中が、年寄り～って感じで。こう、くすんでて。それから年下が一気によくなりましたね。**やっぱ若い子って肌が違うんですよ、肌が！**今、19歳の子と付き合ってますけど、絶対手放したくない。結婚します。頑張ります（笑）」

このほかにもヒアリングしましたが年下男子に目覚めた女性たちのお話を伺うと、キュンときたポイントは「素直さ」「肌のツヤ」がツートップ。ハッキリ言って、若い子が好きな壮年男性から聞く内容とあまり変わりません。

私の推測ですが、男女問わずある程度成熟すると「自分より年下を育てたい」という願望を抱くのではないでしょうか。自分自身が成長している最中だと、年下を育成しようなんて思えないはず。しかしアラサーになり、仕事や精神面でのコントロールができるようになった頃、若い子を好きになる余裕ができるのでしょう。

これまでは「女性が若い男性を求めるのはみっともない、性欲の対象として若さを求め

るのは論外」といった風潮がありました。しかし現代になってようやく女性も「年下がいい」と言える時代になったのではないでしょうか。

無知・素直・無垢アピールを忘れずに

というわけで、年上女性を落とすポイントは簡単。普段、男性がキュンっときている若い女性のしぐさを、性別だけ逆転してやればいいのです。要約すると「無知・素直・無垢アピール」とでも言いましょうか。具体的には、年上女性が持っている知識をふんだんに教えてもらい、感謝を述べましょう。ときには手土産のお菓子とともにお礼を伝えるのも好印象です。

逆にあまりしないほうがよいのは、背伸びをしすぎた振る舞いです。背伸びをしていること自体はかわいらしいのですが**「自分のほうが男だからリードすべきだ」「俺のほうが物事を知っている」といった振る舞いは、成熟した女性にとって「そんなの、年上男でもうたくさん」なのです。**無理して背伸びをするくらいなら、あなたの強みである年下っぷりをアピールしましょう。

※1　ハフィントンポスト『「年の差婚」の希望と現実』
http://www.huffingtonpost.jp/nissei-kisokenkyujyo/marriage-age-difference_b_14923144.html

※2　クラバー……クラブイベントで遊ぶ習慣のある人。一般的に「チャラい」とされがち。

※3　シャワろう……シャワる。シャワーを浴びること。

年上好きな女性を心変わりさせる方法

年上好きは、どこかで「年下好き」に変わる

恋愛において年上が好きだという女性は約70％いると言われます。調査[※1]では「10歳上までＯＫ」と答えた女性も3割弱。10歳差といえば、新生児が小学校4年生にまで成長してしまう年月。こういう数字があるからには、若い女性と結婚したいおじさんが希望を抱く気持ちもわからないでもありません。

しかし世間を見渡すと、そこまで40代男性と20代女性との結婚って目にしませんよね。

実は[※2]**「結婚相手へ希望する年齢差」で調査すると、一転して「3〜4歳年上」までに限定する女性が7割を超える**のです。

なぜ恋愛では対象内の10歳上の男性が、結婚枠では外されてしまうのか。この謎を解明するべく我々スタッフ一同はアラサーの女子会へ飛びました。

内情を教えてくれたのは、28歳の役員秘書、ナミさん（仮名）。ナミさんはもともと年上男性が好き。高校時代には25歳・社会人の彼と付き合います。そのまま大学でも年上好き

は継続。35歳の男性とお付き合いしていたそうです……が、25歳を超えて急に年下が気になり出したそう。

トイアンナ：年上が好きだったのに、年下好きに変わったきっかけはあったんですか？

ナミさん：**自分が元彼の年齢に達したのが大きかった**ですねぇ。高校3年の頃に付き合ってた元彼がそのとき25歳でした。相手のご両親にもご挨拶をしていましたし、結婚も考えてました。プロポーズとか、結納とか、将来を考えてくれる彼ってほんと大人だし素敵だなぁって思ってたんですよ。その話はなくなっちゃったんですけど。

トイアンナ：それは大変でしたね……。

ナミさん：いいんですよ、終わった話なんで。で、私が25歳になって。元彼のことを振り返ったときに「あのときのアイツ、ノリで結婚しようって言ってただけじゃね？」って気が付いた（笑）　**結婚しようって顔合わせとかやった割には、生活費とか具体的な話が一切なかったし、考えたらアイツ当時無職だったし**。無職の男が嫁候補連れてきたら、そりゃ親もいい女連れてきたって勘違いするわ～って。

トイアンナ：年齢は関係なく、無計画な人は無計画だと。

ナミさん：そうなんですよ！　それから「**年下好きの男って、年齢差を理由に『俺が俺が』ってプライドばっか高くて、未熟な人も多いな**」って。そう思ったらなんか、年下と付き合いたくなってきたんですよね。

トイアンナ：ナミさんにとっては、いい意味で年上男性に失望する機会となったんですね。

ナミさん：はい。**それまで会社の上司とかも、年上だから尊敬しなきゃとか思っちゃってたんですよ。**親も私より年上だから世間を知ってるだろうとか。そういう枷《かせ》？　みたいなのが外れたのがよかったですね。もっと自分で考えようって。

年上に幻滅するタイミングを狙おう

ナミさんのように幻滅したきっかけを明確に語ってくださる女性は少数派ですが、年上好きの女性にはどこかで「ダメな人は年上でも本当にダメだな」と我に返る瞬間があります。そのタイミングなら**別の年上男性が彼女をかっさらう前に、あなたも口説くチャンスが生まれる**のです。

彼女を口説くなら、まずは年上男性に失望する瞬間を身逃さない程度には仲のいいグ

ループに入っておきましょう。その上で「彼ってこういうところが人としてできてなくて」と愚痴る瞬間を待つのです。

いざ口説くチャンスが訪れても、自分が大人であると売り込まないよう注意しましょう。「大人ぶった同年代」と「大人ぶった年上男性」では実年齢が上のほうに軍配が上がるからです。

それよりも、**「ほんとそうだよね。俺も前は男の先輩を尊敬してたんだけど、あるとき『思ったより子供だな』って思っちゃったんだよ」**と、共感できる話を盛り込みます。「自分も同じように年上へ幻滅したことがある」と語ることで「年上男性＝自分より大人で、世間のことをわかっている」という幻想を壊すのです。

ずっと年上好きの女性もいる

ここまでアプローチすれば、多くの女性は年上への幻想を打ち破り、同年代や年下を検討し始めます。ただし、ほぼ永続的に年上が好きな女性もいます。恋人へ父性を求めるタイプです。

幼少期に父親が不在だった女性の一部は、彼氏に「父親の代わり」を求めます。こうい

うタイプは付き合う相手も5歳、10歳どころではなく20歳年上がザラ。

彼女が本質的に欲しているのは彼氏ではなく、なんでも受け止めてくれる父親です。対等なパートナーでは物足りないので、底なしの包容力が求められます。それでもいい、彼女を包み込んでみせると覚悟できるなら、話を聞いて抱き留めてあげてください。父親代わりを一生務めるのは楽な恋路ではありませんが、そう言われて止まれないのもまた恋なのですから。

※1 CanCam.jp『実際どう？「年上男性との年の差恋愛」のメリット・デメリットを女子に本音で聞いてみました』
https://cancam.jp/archives/252620

※2 ハフィントンポスト『「年の差婚」の希望と現実』
http://www.huffingtonpost.jp/nissei-kisokenkyujyo/marriage-age-difference_b_14923144.html

「彼氏いない歴＝年齢」の女子を振り向かせる

彼氏いない歴が年齢＝ピュアは間違い

「彼氏いない歴＝年齢」の女性が、どれくらいいるかご存知ですか？　『ゼクシィ』[※1]を出しているリクルートブライダル総研の調査によると、20〜40代で2割ほどの女性が「彼氏がいたことはない」と回答していることがわかりました。つまり、**女性の5人に1人は彼氏がいない歴＝年齢**なのです。

しかし私は、さらに割合が高いのではないかと見ています。というのも恋愛相談を伺っていると「女性は付き合っていると思っているが、男性の遊び相手にされているだけだった」事例が後を絶たないからです。「自称・付き合っている」を除けば、**実際には正式な彼氏がいたことのない女性はかなりの数に上る**でしょう。そんな女性たちを振り向かせる黄金ルールをご案内します。

まず、彼氏がいたことのない女性だからといって、ピュアである、純粋であるという前提を捨てましょう。現代はネット社会。アダルトサイトへのアクセスは簡単にできますし、

女性向けのアダルトコンテンツも増えてきました。そこまで積極的でない女性だって、少女漫画による洗礼はこれでもかと受けています。現代において「キスしたら子供できちゃう」なんておっしゃる成人女性がいたら、よほどの情報弱者か、ぶりっ子です。どちらにせよ危険と言わざるをえません。

では、「彼氏がいない歴＝年齢」の女性と、それ以外を分けるものはなんでしょうか。答えは恋愛における「思考量：行動量」の比率です。恋愛経験が豊富な女性は考えながら行動するのに対し、**彼氏がいたことのない女性は思考へ費やす時間が長い**のです。

「彼氏いない歴＝年齢」の女性は、思考過多になりがち

たとえば、恋愛経験が豊富な女性は「恋に落ちた」と思ったらこういう行動に出ます。

・彼の友達から趣味や好きな食べ物をヒアリング調査
・彼が好きそうな場所やレストランを調べる
・好きそうな場所をエサにしてご飯やデートへ誘う
・会ったら次回の約束を取り付ける

・ＬＩＮＥで次回までの期間、会話を盛り上げる

一方、「彼氏いない歴＝年齢」の女性は下記のような行動を取ります。

・友達へ相談する
・彼のことを考える
・彼の座席を見つめる
・占いへ行く
・思いをＳＮＳへ放流する

こうして比較すると、「彼氏いない歴＝年齢」の女性は相手へと届かないコミュニケーションに終始しがちなことがわかります。この状態で告白されても、男性から見れば「俺のこと好きだったの!?」とびっくりすることでしょう。

男女問わず恋愛初心者ほど「いきなり告白する」という地雷を踏みがち。それは告白までのステップで、思考過多な恋をしているからです。いくら思っても、テレパシー能力がなければ相手には届きません。自分の中でボルテージが高まったからと告白しても、相手

から見ればいきなり100%の愛情が飛んでくるに等しいのです。

「はじめての彼氏」としてハードルを上げてしまっている

さらに「彼氏いない歴＝年齢」の女性と付き合うのを難しくさせているのが、彼女自身が設定するハードル。「これまで処女だったんだし、どうせ付き合うなら厳選した人がいい……」と、期待値を上げてしまっているのです。しかも**自分に経験がないため、男性を選ぶハードルは妄想ベースで作られます**。妄想の原料となるのはドラマや少女漫画ですが、この世にフィクションを叶えてくれる男性などいません。

年齢もアラサーに近づけば、友達からの恋愛相談で耳年増と化します。「こんな男性はモラハラだって○○ちゃんが言ってた」「こういう外見の人って陰で浮気するんだよな～」と、世知辛いチェックが入ります。

ただし彼女と付き合いたいからといって、こういったハードルを超える必要はありません。彼女の中に刷り込まれている彼氏基準のハードルを下げればいいのです。

「とりあえずでもいいから」で押そう

そもそも「彼氏いない歴＝年齢」の女性と付き合うためにデートを準備しても、相手の好感度を確認するのは至難の業です。男慣れしていない方ほど緊張のあまり変に下ネタをぶっこんでしまったり、パニクって無口を貫いてしまったりするもの。彼女らは平気で「脈ナシ」と誤解させそうなコミュニケーションを取ってきます。

しかしそこで無理に押し倒したら、単なる性犯罪。相手に気がなかったときのリスクが高すぎます。そこでオススメしたいのが「**とりあえずでもいいから、付き合ってほしい」と伝えること。これなら「はじめての彼氏だから慎重に選ばなきゃ」**というハードルを下げることができます。

とりあえず3か月、とりあえずお試しで……といったセールストークは、営業でも長く使われてきた常套句。彼女のかたくなな心を溶かすためにも応用してみましょう。

※1　リクルートブライダル総研『恋愛観調査２０１４』
http://bridal-souken.net/data/ra/renaikan2014_release.pdf

嫌われてしまったときの処方箋

マイナスイメージを大逆転させる方法

「好きだった子にブロックされても恋を成就させたい」という男性のお悩みを紹介します。

好きだった子との関係を回復したいです。1年半前に告白した女性がいました。しかし、しつこくアプローチしてしまったために振られてしまい、さらに**LINEなど一切の連絡手段をブロックされています。**知人たちには事情が知れ渡っているため、その人たちとも気まずい関係です。たまに事情を知らない共通の知人との10名程度の集まりで会うことはできます。その集まりで、こちらは反省して話しかけないようにしています。集まりにおいて、彼女から話しかけてくるようなことはないのですが、ふたたびその子とカジュアルに話せるようになるにはどうすればいいでしょうか。

まずは状況を整理してみましょう。

〈悩み〉

・ブロックされた女性と気軽に話せるようになりたい

〈現状のまとめ〉

・しつこくアプローチしたためブロックされた
・共通の知人を含めれば集まることはできるが、彼らも事情を知っている
・彼女から接触してくることはない

〈理想〉

・ふたたびカジュアルに話せる関係になりたい

難易度の高いお悩み相談です。一度ネガティブなイメージを持った相手との恋愛はマイナスからのスタート。またカジュアルに話せる関係になりたければ、マイナスを乗り越えるほどの動機を作る必要があります。

しかし、希望がないわけではありません。嫌われた女性と接点がなければ修復は難しくなりますが、今回のケースでは共通の友人がいるために関係が完全に断絶されていないか

らです。
しつこいアプローチを受けた女性は、以下のふたつの感情を抱きます。

①「自分の拒絶を無視する怖い人だ」
②「女性に対して必死に迫るダサい人だ」

従って、マイナスをゼロに戻すためにはこれらの印象を変える必要があります。

「怖い人」という印象を第三者の意見でひっくり返す

アプローチがしつこいと感じられたということは、**彼女が出していた小さな拒絶のサインを見逃していた**ことになります。自分の領域を侵す他人へは、あなたも動物的な警戒心が湧くはず。相手は恋愛対象としてより警戒すべき相手としてあなたを見てしまっている可能性があります。

このイメージを払拭するためには、共通の友人に「いつも他人のことを考えるいいヤツ」と評価してもらう必要があります。あなたがいくら自分は怖くないと説明しても、す

でに怖く見えているので信ぴょう性がありません。それより第三者から「あいつ、最近変わったよ。すごく人に気を遣うようになって」なんて評価してもらえればしめたものです。

第三者は共通の友人でもかまいません。ですが思い切って新しい彼女を作り、その彼女を共通の知人へ紹介する体《てい》で「彼はすごく優しくて」とノロケてもらうのもオススメです。彼女がいるなら自分へアプローチしてくることもなくなるだろうと安心できますし、「あのときおかしかっただけで、本来はいい人なのかも」と思わせることができます。もし相談者さんがアプローチした女性と恋人になるつもりがないのであれば、こんな方法もあるということを覚えておいてください。

「女性に対して必死に迫るダサい人」感を人間モテで取り戻す

「怖い」イメージを共通の友人経由で解消するだけでは、マイナスがゼロへと戻るだけ。「あのときアプローチを拒否した私の見る目がなかったかも」と思わせるくらいの一発逆転を図るには、モテる姿を見せて「女性に対して必死に迫るダサい人」感を払拭する必要があります。

よくモテる男性は「イケメン」「高収入」といった条件があると思われています。しか

し実際はそうではありません。**「あの男性がモテてそう」だと感じると、希少種をめぐってさらに女性が寄ってくる**のです。

と言っても、いきなりナンパ教室へ通うのは止めましょう。ナンパを学べば「自分を無視する99人の女性を無視して、1人の女性を口説き落とす」方法が身につきます。しかしそれでは、本命女性を確実に落とす技は身につきません。むしろ「あの人、急にチャラくなって、怖い」とさらに警戒心を強める恐れがあります。

それよりも、常に予定を入れてください。女性と会う予定でなくてもかまいません。行きつけの飲み屋を作って常連さんと話すとか、社会人サークルで一汗流すのもＯＫです。大切なのは多くのコミュニティに属することで、**「その日空いてる?」と頼みでもしなければ空けられない忙しさを作る**ことです。

さまざまな場所から引っ張りだこのあなたは、人間としてモテています。今は集まっても「飲み会で女性をびくびく避ける」風に見えている相談者さんも、忙しければ「合間を縫って飲みに来てくれた」存在へと変わります。

周りから売り込めば、信頼してもらえる

大切なのは直接「俺すごいだろ?」とアピールしないこと。買い物でもしつこい広告より、知り合いの口コミのほうが信頼できますよね。あなたの評価もまた、共通の知人にかかっています。

彼女が信頼する人たちから「いいヤツだ」と伝えてもらい、さらに社会的な信用を他の場所で積み重ねること。このふたつを始めればたとえ彼女と関係復活できなかったとしても、次に繋がる自信が身につくはずです。

おわりに

愛することって、難しい。けれどそれは愛することそのものより「愛を伝えること」が難しく見えているように思えます。相手に伝わらなければ誤解を招き、ときに傷つけあう。だから「恋愛は面倒」「若者の恋愛離れ」といった認識が広まるのでしょう。

この本を通じて、少しでも恋愛のハードルが下がればと願っています。動かないことで相手に彼氏・彼女ができて恋を終えるくらいなら、何かしら動いた方がいい。ローリスクな行動でも恋は実りますし、関係を長く続けていくことだってできます。

私もまだまだ修行中の身です。たくさんの穴にも落ちてきました。だからこそ読者のあなたは私と同じ穴に落ちず、この本で成功していただければと思います。

本著を執筆するにあたりヒアリングにご協力いただきましたすべてのご協力者様、全面的にご協賛くださった男性向けアパレルECサイト「メンズファッションプラス」様へ厚く御礼申し上げます。参考になるファッションの事例を複数ご提供いただけましたおかげで、具体的でわかりやすい外見の整え方をご提案できました。

そして株式会社イースト・プレスの方便凌さん、辛抱強く原稿をお待ちいただきありが

とうございました。また、私のマネージャーとして共著者レベルの編集プロセスを進めてくださった小鳥遊みどり様、榎本康佑様へ厚くお礼申し上げます。

最後に、この本を読んでくださったあなたへ。あなたが幸せになってくださることが、著者である私の幸せです。「もうこの本は必要ないな」と思えるその日まで、少しでもお役に立てますように。

◎本書はＷＥＢメディア『メンズファッションプラス通信』掲載の「トイアンナの男子改造計画」を大幅に加筆修正したものです。

◎本書で取り上げたインタビューおよび事例は個人情報保護のため一部改変しています。ご了承ください。

文庫ぎんが堂

モテたいわけではないのだが
ガツガツしない男子のための恋愛入門

2018年4月20日　第1刷発行
2018年4月30日　第2刷発行

著者　トイアンナ

ブックデザイン　タカハシデザイン室
編集　方便 凌
本文DTP　臼田彩穂

発行人　北畠夏影
発行所　株式会社イースト・プレス
〒101-0051 東京都千代田区神田神保町2-4-7 久月神田ビル
TEL 03-5213-4700　FAX 03-5213-4701
http://www.eastpress.co.jp/
印刷所　中央精版印刷株式会社

ISBN978-4-7816-7168-0

…はモテるためである

…ヒトシ

定価　本体667円＋税

…はなぜモテないのか。それは、あなたがキモチワルいからです――。数ある「モテ本」…て異彩を放ち、各方面で話題を呼んだ名著が大幅加筆修正し再登場！　巻末に哲…國分功一郎氏との特別対談を収録。〈解説・上野千鶴子〉

…とモテたいあなたに　女はこんな男に惚れる

…りか

定価　本体667円＋税

…ま、恋愛は男性が有利なんです。女の「好き」はいろいろだから、モテない男はいないんですよ。あなたがモテるためにできることと無理をしなくてもいいこと、女たちは男のどこを見ているのかを、女の視点で書きました。《巻末特別対談・二村ヒトシ》

恋愛論　完全版

橋本　治

定価　本体750円＋税

「愛は一般論で語れるが、恋愛は一般論では語れない。それは、恋愛というものが非常に個人的なことだから」著者自身の初恋の体験をテキストとし、色褪せることない普遍的な恋愛哲学を展開した名著『恋愛論』が「完全版」となって復活！